# 그림으로 배우는 감각 일본어

장상욱 지음★ 김재선 그림

느낌표

# 들어가는 글

'가깝고도 먼 나라, 일본!' 물론 이런 정서가 많이 사라지긴 했지만, 그래도 일본은 여전히 편한 이웃 나라라고는 할 수 없습니다. 많은 사람을 희생시켜서 지금의 경제대국이 되었다고 생각하면 괘씸하기까지 한 게 사실이니까요. 그렇다고 언제까지나 일본을 등지고, 일본의 문화에 장막을 치고 살 수만은 없습니다. 요즘같이 인터넷이 널리 보급된 시대에, 일제 식민지를 경험했던 1세대가 거의 사라진 시대에, 그리고 일본 문화의 전면 개방을 코앞에 둔 시점에 일본을 무시하기란 결코 쉬운 일이 아닙니다.

특히 일본 문화의 전면 개방을 코앞에 두고 있는 이 시점에서 우리가 반드시 기억해야 할 것은 그들의 언어나 문화에 대한 이해없이 섣불리 그들을 평가하거나 판단해서는 안 된다는 점입니다.

어떤 나라든 그 나라 국민의 정서를 이해하기 위해서는 우선 그들의 언어와 문화에 대한 이해가 뒷받침되어야 합니다. 그래야 편견이나 그릇된 고정관념을 쉽게 버릴 수 있으니까요.

물론 문화는 자세히 번역된 책을 통해서 어느 정도 이해하고 포용할 수 있습니다. 그러나 언어는 자신이 직접 그들과 똑같이 사용해 보지 않는 이상 그들이 가지는 특성을 완벽하게 이해하는 것이 불가능합니다.

그런데 문제는 외국어를 배우는 일이 결코 만만치 않다는 점입니다. 외국에서 살아본 경험이 있으면 모를까, 성인이 외국어를 마스터한다는 것은 그야말로 어려운 일입니다. 그만큼 상당한 시간과 노력이 필요할 수밖에 없지요. 많은 사람들이 그렇게 비법을 찾아다니는 이유도 바로 여기에 있습니다.

물론 외국어 학습에서 비법이라는 것이 있을 리는 없습니다. 하지만 보다 효과적이고 효율적인 방법은 분명 있습니다. 그래서 필자는 뒤늦게 일본어를 배우고, 완벽하게 구사할 수 있게 된 본인의 일본어 학습 방법을 여러분께 공개하고자 합니다. 아무쪼록 이 책에 수록된 방법으로 학습하여 원하는 일본어 실력을 갖추기를 바랍니다.

아울러 일본을 보다 더 가까운 나라로 느낄 수 있도록 중간중간에 실은 '문화 이야기'가 여러분의 일본어 학습과 일본이라는 나라를 이해하는 데 큰 도움이 되었으면 하는 바람입니다.

끝으로, 일본어 교정을 흔쾌히 봐준 오카무라씨 부부(岡村 淳·岡村 美智子)와 이 책을 세상에 나오게 해준 느낌표 출판사 식구들에게 감사 인사를 전합니다.

2004년 어느 봄날

장 상 욱

# 이 책의 특성

**1. 그림으로 배우는 일본어!**

이 책의 가장 큰 특징은 모든 문장을 그림으로 표현했다는 점이다. 사실 성인이 되어서 외국어를 배운다는 것은 굉장히 어려운 일이다. 이유는 간단하다. 머릿속에 각인되어 있는 우리말이 외국어 학습에 장애로 작용하기 때문이다. 외국인이 하는 말이나 글은 무슨 뜻인지 알겠는데, 막상 말을 하려면 입에서 나오질 않거나 어떻게 해야 할지 모르는 사람들이 특히 이런 경우에 해당한다. 말을 하려고만 하면 우리말이 먼저 떠오르기 때문에 생기는 현상이다.

이런 현상을 극복하고 외국어를 우리말처럼 자연스럽게 구사하기 위해서는 외국어를 말하려는 순간에 우리말 해석보다 그림이 먼저 연상되어야 한다. 즉, 하고자 하는 외국어에 해당하는 그림이 먼저 떠오르면 거기에 맞는 외국어가 자연스럽게 입에서 나오게 된다는 뜻이다.

아이들이 우리말이나 외국어를 배울 때를 생각해 보면 쉽게 이해할 수 있을 것이다. 아이들이 학습하는 책이나 교재를 보면 대부분 그림과 강의 테이프로 구성되어 있다. 이는 모든 감각을 이용해 학습을 해야 능률이 최대한 오른다는 사실을 보여주는 예이다. 모든 감각을 동원한 학습법은 단순히 단어나 문장을 암기하는 방법보다 훨씬 오랫동안 머릿속에 남게 되며, 이것을 반복하다 보면 의식하지 않고도 자연스럽게 말로 표현할 수 있게 된다.

외국어를 배우는 데 있어서 우리는 아이나 마찬가지다. 따라서 아이들이 우리말을 배울 때처럼 우리가 외국어를 학습한다면 지금까지의 시행착오를 극복하고 좋은 결실을 맺으리라 확신한다.

**2. 기본 동사로 배우는 일본어!**

어느 한 보고서를 보니, 우리가 일상생활에서 사용하는 단어는 고작 600개밖에 되지 않는다고 한다. 물론 깊이 있는 공부나 시사 문제를 이해하기 위해서는 많은 어휘력이 필요하지만, 평상시 생활하는 데는 그리 많은 단어가 필요하지 않은 셈이다.

그런데 문제는 이런 적은 수의 단어를 얼마나 정확하게 구사하는가 하는 점이다. 자신의 의사를 정확히, 그리고 신속하게 상대에게 전달하지 못한다고 생각해 보라! 여간 불편한 게 아닐 것이다.

그래서 『그림으로 배우는 감각 일본어』에서는 우리가 흔히 사용하는 동사 100개를 다양한 예와 함께 실음으로써 일본어로 일상생활을 해나가는 데 도움이 되고자 하였다. 물론 이 책에 실린 단어나 문장만으로 자신의 의사를 완벽하게 표현할 수는 없다. 단지 이 단어와 문장들이 더 많은 문장과 표현들을 만들 수 있는 기초가 되길 바라는 마음에서 정리했다.

외국어 습득은 자신과의 싸움이다. 이 책에 제시된 학습법과 문장들을 바탕으로 더 많은 단어들을 익혀 나간다면, 일본어 정복은 그리 먼 얘기가 아니다!

### 3. 실용적인 표현이 이 한 권에!

우리는 외국어를 공부할 때마다 늘 인사말을 먼저 배운다. 그리고 조금 어려워진다 싶으면 그만두고, 시간이 흘러 다시 외국어 공부를 시작하면 역시 인사말부터 시작한다. 그래서 인사말 정도는 너무나 쉽게 생각하고 또 구사한다.

그렇다고 외국인과 인사만 하고 끝낼 수는 없지 않은가? 물론 인사도 중요하지만, 자신의 의사를 정확히 전달할 수 있는 실용적인 문장들을 익히는 것이 무엇보다 중요하다. 그럼 인사말이나 감사의 말 정도는 자연스럽게 입에서 나오게 되어 있다.

외국어는 많이 들어본 문장은 쉽고, 그렇지 않은 문장은 어렵게 느껴지는 법이다. 하지만 우리가 어렵다고 느끼는 일본어 문장을 일본 사람들이 많이 사용한다면 당연히 익혀야 하지 않을까?

처음 봤다고 어렵다고 생각하지 말고, 많이 봤다고 좋은 표현일 거라는 편견은 버리고 이 책에 실린 558개의 실용 문장들만 우선 마스터하자. 그럼 일본 사람과 만나서도 자신의 의사를 일본어로 어느 정도 전달할 수 있다.

**4. 다양한 활용을 위한 핵심 문법!** 사실 이 책은 그림 연상을 통해 문장을 통째로 암기하는 학습법을 다루고 있다. 일본어를 우리말처럼 익히자는 의도인 것이다. 이런 학습법은 비단 일본어에만 적용되는 것은 아니다. 우리말을 포함한 모든 외국어를 이렇게 그림 연상법을 이용하여 익힌다면 자연스럽고 쉽게, 그리고 빨리 익힐 수 있다. 그뿐만 아니라 문법이라는 굴레에 얽매여 있는 우리의 잘못된 외국어 학습법도 고칠 수 있다.

그런데 일본어는 약간의 예외성을 갖는다. 다른 외국어와 달리 어순이 우리말과 똑같고, 같은 한자권 언어라 처음 익힐 때 문법이나 단어 공부를 조금 해두면 큰 도움이 된다. 특히 문법은 일정한 규칙을 가지고 움직이며(물론 예외도 있다. 그러나 이것은 자연스럽게 습득할 수 있는 부분이라 별도의 설명은 생략했다), 한 번 익혀 두면 기본 문장을 활용하는데 도움이 되므로 간략하게 실었다.

물론 자세하게 설명하면 좋겠지만, 자칫 문법책 같은 분위기가 풍길 수 있다는 우려 때문에 여기서는 핵심 정도만 집고 넘어가기로 하자.

외국어 학습에서는 절대 문법이 최우선이 되어서는 안 된다. 문법은 단지 언어 활용과 응용을 매끄럽게 해주는, 익혀 두면 외국어 구사에 도움이 되는 하나의 수단일 뿐이다.

**5. 어원과 풍습으로 보는 일본어, 그리고 일본인!**

'가깝고도 먼 나라 일본'에 대해서 우리는 얼마나 알고 있을까? 그들의 독특한 문화를 우리는 정확히 열린 마음으로 이해하고 있는 것일까? 그리고 우리 문화 속에 그들의 문화가 알게 모르게 많이 들어와 있다면 어떻게 받아들여야 할까?

이러한 궁금증을 해소하기 위해서는 일본인들과 친해지는 것이 가장 좋다. 물론 책을 읽는 것도 한 방법일 수 있지만, 내가 찾고자 하는 내용을 찾기란 그리 쉬운 일이 아니다.

따라서 이 책에 외국인뿐 아니라, 일본인조차도 자세히 모르는 일본 어휘 관련 풍습이나 어원을 실어, 색다른 재미뿐 아니라 일본인들이 가지고 있는 전통적인 사고방식을 알 수 있는 계기를 마련해 보았다.

여기에 실린 작은 예들로 일본인에 대한 편견이나 일본에 대한 고정관념을 갖게 된다면 본연의 의도와는 너무 멀어져 버린다. 문화란 그 나라 사람들이 갖는 독특하면서도 편리하고 아름다운 생활방식이라는 사실을 염두에 두고 읽길 바란다.

# 이 책의 활용법

이 책은 100개의 동사와 558개의 문장으로 이루어져 있다. 이 문장들은 모두 일상생활에서 활용할 수 있는 것들로, 어휘 실력만 키운다면 쉽게 응용할 수 있어 일본어 실력 향상에 큰 도움이 되리라 본다.

이 책의 기본 구성과 활용법은 아래와 같다.

나는 눈 위에 장대를 세웁니다.

私(わたし)は雪(ゆき)の上(うえ)に

棒(ぼう)を立(た)てます.

1. 우리말 해석을 먼저 읽는다.
2. 오른쪽에 있는 완성된 그림을 본다.
3. 우리말 해석을 다시 보면서 왼쪽 그림과 오른쪽 그림의 연속성을 연상한다.

4. 그림을 보면서 그 밑에 나와 있는 일본어를 읽는다.
5. 이제부터는 우리말을 완전히 배제하고, 그림과 일본어가 연상 작용을 일으킬 수 있도록 그림을 보며 일본어를 반복해서 읽는다.
6. 이 책을 복습할 때에도 우리말 해석은 무시한 채 그림과 일본어만 보고 그것들을 동시에 머릿속에 각인시킨다.
7. 이 책에서 익힌 어휘들을 다른 적절한 문장에 대입해 보는 훈련도 가능한데, 이때도 그 어휘에 맞는 그림을 연상하도록 한다. 단, 의식적으로라도 우리말이 머릿속에 떠오르는 현상을 막는 것이 중요하다. 지금부터는 오로지 일본어와 그림만 머릿속에 떠올라야 한다.
8. 연상 작업이 이루어지면 문장의 과거형이나 명령형, 의문형 같은 활용 문장이 궁금해진다. 이런 활용 문장들은 그림에 큰 차이가 없으므로, 이 책에 실린 핵심 문법을 익혀서 대입하면 된다.

맨 처음에는 이런 과정들이 굉장히 어렵게 느껴질 수 있다. 우리말이 먼저 떠오르고, 우리말 해석을 자꾸 보고 싶어지기 때문이다. 하지만 어느 정도 인내를 가지고 꾸준히 해나가다 보면 실력이 급상승한다는 것을 느낄 수 있게 된다. 그림 연상 학습법의 가장 큰 장점이 바로 이것이다. 또한 이렇게 익힌 문장은 쉽게 잊혀지지도 않으므로, 새로운 마음가짐으로 꾸준히 해나간다면 좋은 결과가 있으리라 자신한다.

일본어 완전 정복의 그날을 빌며…….

# 핵심 문법

## 5단활용동사

'う단 활용동사'는 기본형의 어미가 る가 아니거나, 기본형의 어미가 る라도 る 앞의 글자가 'い단'이나 'え단'이 아닌 경우이다. 話す(말하다), 止まる(멈추다), 読む(읽다) 등이 이에 해당한다.

**활용 예**

読む(읽다)

- 読まない(읽지 않는다)

  **미연형** : '부정'의 뜻. う단 → あ단+ない.....~하지 않는다

- 読もう(읽자, 읽겠다)

  **미연형** : '의지', '추측'의 뜻. う단 → お단+う(よう).....~하자, 하겠다, 할 것이다

- 読みます(읽습니다)

  **연용형** : 뒤에 동사, 조동사, 형용사 등이 연결되는 형. う단 → い단+ます.....(~합니다〔정중의 조동사〕), ながら(~하면서, ~하면서도), た(~했다) 등

- 読む(읽는다)

  **종지형** : 문장을 끝마칠 때 사용. 동사의 원형과 같다.

- 読む人(읽는 사람)

  **연체형** : 뒤에 명사나 대명사가 연결되어 이를 수식. 동사의 원형과 같다.

読むめば(읽으면)

**가정형** : '~하면' 의 뜻. う단 → え단+ば.....~하면

読め(읽어라)

**명령형** : '~하라' 의 군대식 명령. 일상생활에서는 거의 사용하지 않는다.

う단 → え단.....~하라

## 상일단활용동사

기본형의 어미가 る로 끝나고 그 앞의 음이 'い단' 인 경우이다. いる(있다), 見る(보다), 起きる(일어나다) 등이 이에 해당한다.

### 활용 예

見る(보다)

見ない(보지 않는다)

**미연형** : '부정' 의 뜻. い단+る → い단+ない.....~하지 않는다

見よう(보자, 보겠다)

**미연형** : '의지', '추측' 의 뜻. い단+る → い단+よう.....~하자, 하겠다, 할 것이다

見ます(봅니다)

**연용형** : 뒤에 동사, 조동사, 형용사 등이 연결되는 형. い단+る → い단+ます(~합니다[정중의 조동사]), たい(~하고 싶다), た(~했다) 등

見る(본다)

**종지형** : 문장을 끝마칠 때 사용. 동사의 원형과 같다.

— 見る人(보는 사람)

**연체형** : 뒤에 명사나 대명사가 연결되어 이를 수식. 동사의 원형과 같다.

— 見れば(보면)

**가정형** : '~하면' 의 뜻. い단+る →い단+れ+(ば).....~하면

— 見ろ, 見よ (보라)

**명령형** : '~하라' 의 군대식 명령. 일상생활에서는 거의 사용하지 않는다.

い단+ろ 또는 い단+よ.....~하라

## 하일단활용동사

기본형의 어미가 る로 끝나고 그 앞의 음이 'え단' 인 경우이다. 上げる(올리다), 開ける(열다), 食べる(먹다) 등이 이에 해당한다.

**활용 예**

食べる(먹다)

— 食べない(먹지 않는다)

**미연형** : '부정' 의 뜻. え단+る → え단+ない.....~하지 않는다

— 食べよう (먹자, 먹겠다)

**미연형** : '의지', '추측' 의 뜻. え단+る → え단+よう.....~하자, 하겠다, 할 것이다

— 食べます(먹습니다)

**연용형** : 뒤에 동사, 조동사, 형용사 등이 연결되는 형. え단+る → え단+ます(~합니다[정중의 조동사]), たい(~하고 싶다), た(~했다) 등

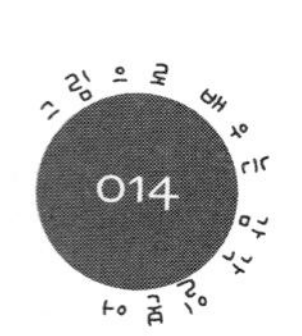

— 食(た)べる(먹는다)

**종지형** : 문장을 끝마칠 때 사용. 동사의 원형과 같다.

— 食(た)べる人(먹는 사람)

**연체형** : 뒤에 명사나 대명사가 연결되어 이를 수식. 동사의 원형과 같다.

— 食(た)べれば(먹으면)

**가정형** : '~하면' 의 뜻. え단+る → え단+れ+(ば).....~하면

— 食(た)べろ, 食(た)べよ(먹어라)

**명령형** : '~하라' 의 군대식 명령. 일상생활에서는 거의 사용하지 않는다.

え단+ろ 또는 え단+よ.....~하라

### カ행변격동사

來(く)る(오다)뿐이다. 각각의 활용을 다 암기한다.

**활용 예**

來(く)る(오다)

— こない(오지 않는다) — **미연형**
— こよう(올 것이다) — **미연형**
— きます(옵니다) — **연용형**
— くる(온다) — **종지형**
— くる人(오는 사람) — **연체형**
— くれば(오면) — **가정형**
— こい(오너라) — **명령형**

### サ행변격동사

する 및 한자어에 する가 붙어 동사가 되는 경우이다. 각각의 활용을 다 암기한다.

する(오다)

- しない(하지 않는다) — **미연형**
- せぬ(하지 않는다) — **미연형**
- させる(시키다) — **미연형**
- します(합니다) — **연용형**
- する(한다) — **종지형**
- する人(하는 사람) — **연체형**
- すれば(하면) — **가정형**
- しろ 또는 せよ(하여라) — **명령형**

그림으로 배우는

# 감각 일본어

# 開(あ)ける, 開(ひ)く

나는 신선한 공기가 들어오도록 창을 엽니다.

私(わたし)は新鮮(しんせん)な空氣(くうき)が入(はい)るように

窓(まど)を開(あ)けます.

나는 병마개를 돌려서 엽니다. ↔ 私(わたし)は甁(びん)の蓋(ふた)をねじって閉(し)めます. 나는 병마개를 돌려서 닫습니다.

私(わたし)は甁(びん)の蓋(ふた)を

ねじって開(あ)けます.

나는 못을 박기 위해서 테이블에 구멍을 만들고 있습니다.

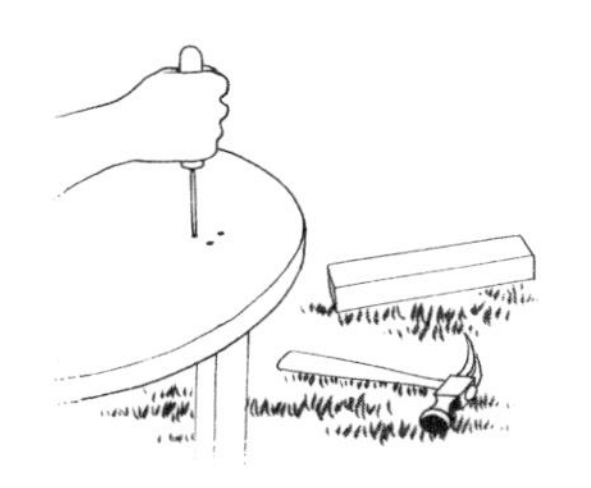

私(わたし)は釘(くぎ)を打(う)つために　テーブルに穴(あな)を開(あ)けています.

문이 바람에 열립니다.

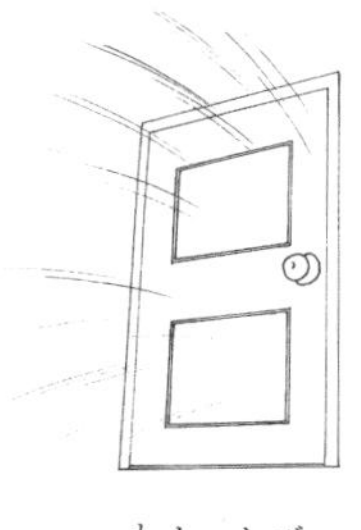

門(もん)が風(かぜ)で　開(あ)きます.

이 꽃은 밤에 개화합니다.

この花(はな)は　夜(よる)に開(ひら)きます.

# 上(あ)がる, 上(あ)げる, 上(のぼ)る

나는 사다리를 타고 나무 꼭대기에 올라갑니다.

私(わたし)は梯子(はしご)に乗(の)って 木(き)の上(うえ)に上(あ)がります.

나는 강을 따라 상류로 3킬로미터 정도 올라갑니다.

私(わたし)は川(かわ)に沿(そ)って 上流(じょうりゅう)へ3(さん)キロメトルほどに上(あ)がります.

나는 놀라서 얼굴을 듭니다.

私(わたし)は驚(おどろ)き

顔(かお)を上(あ)げます.

나는 머리를 틀어올리고 있습니다.

私(わたし)は頭(あたま)を

結(ゆ)い上(あ)げています.

나는 사다리를 타고 지붕에 올라갑니다.

私(わたし)は梯子(はしご)に乘(の)って

屋根(やね)に上(のぼ)ります.

# 刺身와 天ぷら는 언제 생겨난 걸까?

일본은 섬나라인 만큼 일본 사람들은 생선을 많이 먹는다. 특히 날 생선을 즐기는 편인데, 가장 유명한 것이 바로 사시미다. 원래 사시미는 와사비나 생강, 파 등을 넣은 식초에 토막 낸 생선의 살점을 찍어 먹는 요리였다.

지금처럼 와사비를 넣은 간장 소스에 사시미를 찍어 먹게 된 것은 약 200년 전인 江戸시대 말부터로, 이때부터 일본의 독특한 소스와 간장 문화가 시작되었다.

또 하나의 일본 대표 요리인 덴프라를 먹게 된 시기는 戰國시대부터라고 한다. 기독교가 일본에 들어오면서 포르투갈 상선을 통해 외국 물품이 밀려 들어왔는데, 그 와중에 육류와 생선을 이용한 서양 요리법이 소개되었고, 특히 기름을 이용한 요리가 유행했다.

이처럼 기름을 이용한 서양 요리법에 일본 요리법과 중국 요리법을 결합시켜 만들어낸 것이 바로 덴프라다.

덴프라의 어원에는 여러 가지 설이 있는데, 포르투갈어의 '텐펠로(요리)'에서 왔다는 설과 스페인어의 '텐프로(사찰, 절)'에서 나와 의미가 바뀌었다는 설이 가장 유력하다. 또한 『万葉仮名』을 보면 덴프라를 한자로 '天麩羅'로 적어 놓았는데, 어떤 사람들은 이 말에서 天은 '튀기다', 麩는 '밀가루', 羅는 '얇게 만든 것'이라는 뜻이라고 주장하기도 한다.

# 揚(あ)げる

나는 둑을 더 높게 올립니다.

私(わたし)は土手(どて)を

もっと高(たか)くもち揚(あ)げます.

나는 깃발을 올립니다.

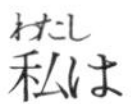

私(わたし)は

旗(はた)を揚(あ)げます.

# 當(あて)る

번개가 집을 때립니다.

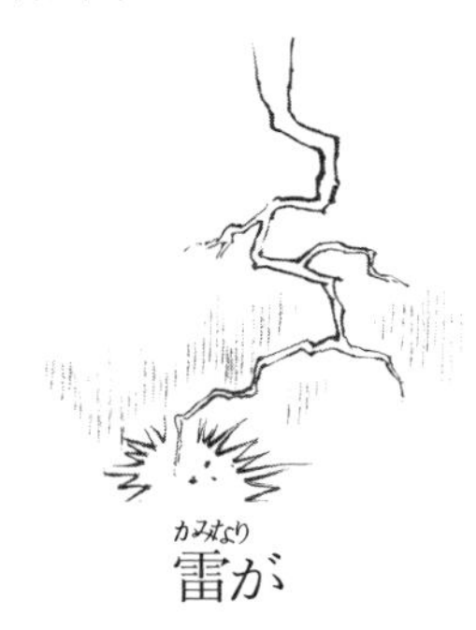

雷(かみなり)が

家(いえ)を當(あて)ます.

그 돌이 내 머리를 칩니다.

その石(いし)が

私(わたし)の頭(あたま)を

當(あて)ます.

그 돌이 내 눈을 칩니다.

　　いし
その石が

わたし　め
私の目を

あて
當ます.

## あら　　にゅうよく
## 洗う, 入浴させる

나는 목욕탕에서 목욕합니다.

わたし　ふろば
私は風呂場で

あら
洗います.

나는 아기를 욕조 안에서 목욕시킵니다.

私(わたし)は子供(こども)を

浴場(よくじょう)の中(なか)で入浴(にゅうよく)させます.

## ...ある, ...いる

내 앞에는 차 한 대가 있습니다.

私(わたし)の前(まえ)に

車(くるま)1臺(いちだい)があります.

내 뒤에는 차 한 대가 있습니다.

わたし　うし
私の後ろには

くるま　　だい
車いち臺があります.

우리는 30분의 여유 시간이 있습니다.

わたし
私たちは

ぷん　よゆう　じかん
30分の餘裕の時間があります.

도로에는 울퉁불퉁한 곳들이 있습니다.

どうろ
道路には

ところ
でこぼこの所があります.

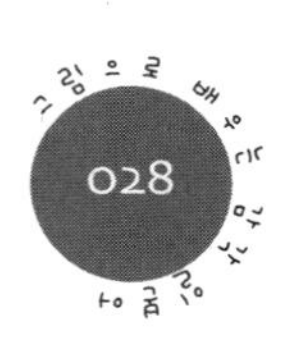

강을 따라서 몇 채의 집이 있습니다.

川(かわ)に沿(そ)って　いくつかの家(いえ)があります.

벽에는 사진이 있습니다.

壁(かべ)には　寫眞(しゃしん)があります.

내 등에 아픈 곳이 있습니다.

私(わたし)の背中(せなか)に　痛(いた)い所(ところ)があります.

의자가 침대 옆에 있습니다.

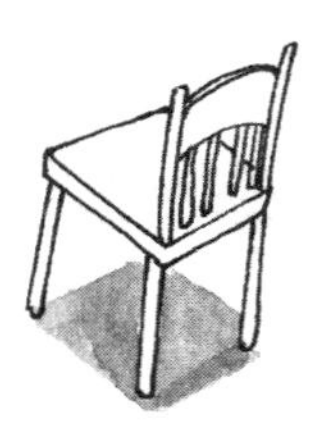

椅子(いす)が ベッドの横(よこ)にあります.

당신의 바지 지퍼가 열려 있습니다.

あなたのズボンの チャックが空(あ)いてあります.

나는 밖에 있습니다.

私(わたし)は 外(そと)にいます.

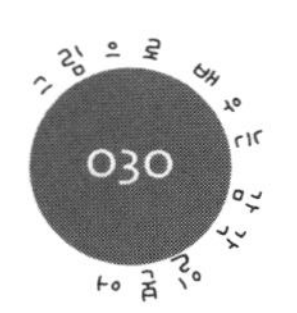

나는 넓은 도로를 걷고 있습니다. → わたし せま どうろ ある
私は狭い道路を歩いています. 나는 좁은 도로를 걷고 있습니다.

わたし ひろ どうろ
私は廣い道路を

ある
歩いています.

나는 친구들과 팔짱을 끼고 걷고 있습니다.

わたし ともだち
私は友達と

うで く ある
腕を組んで歩いています.

나는 시장에 걸어서 갑니다.

わたし いちば
私は市場へ

ある
歩いていきます.

나는 톱의 이를 만지고 있습니다.

私(わたし)は鋸(のこぎり)の刃(は)を　触(さわ)っています.

나는 테이블을 고치고 있습니다.

私(わたし)はテーブルを　修理(しゅうり)しています.

나의 머리카락은 어깨까지 늘어져 있습니다.

私(わたし)の髪(かみ)は　肩(かた)まで垂(た)れています.

그는 줄넘기를 하고 있습니다.

彼(かれ)は 縄跳(なわと)びをしています.

그는 도끼로 책상을 부수고 있습니다.

彼(かれ)はおので 机(つくえ)を壊(こわ)しています.

나는 양동이를 방으로 나르고 있다.

私(わたし)はバケツを 部屋(へや)に運(はこ)んでいます.

나는 살이 빠지고 있습니다. ↔ 私(わたし)は太(ふと)っています. 나는 살이 찌고 있습니다.

私(わたし)は 痩(や)せています.

그 오솔길은 숲을 가로질러 나 있습니다.

その小道(こみち)は 森(もり)を横切(よこぎ)っています.

작대기가 구멍에 박혀 있습니다.

杖(つえ)が穴(あな)に はまりこんでいます.

나는 소변을 누고 있습니다.

私(わたし)は小用(こよう)を

たしています.

## 合(あ)わせる

나는 시계를 라디오의 시보에 맞춥니다.

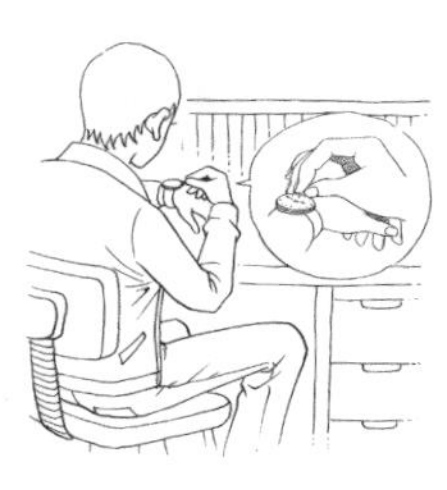

私(わたし)の時計(とけい)を

ラジオの時報(じほう)に合(あ)わせます.

나는 손목시계를 5분 빠르게 맞췄습니다. ↔ 私(わたし)は腕時計(うでとけい)を5分(ごふん)遅(おそ)く合(あ)わせました. 나는 손목시계를 5분 늦게 맞췄습니다.

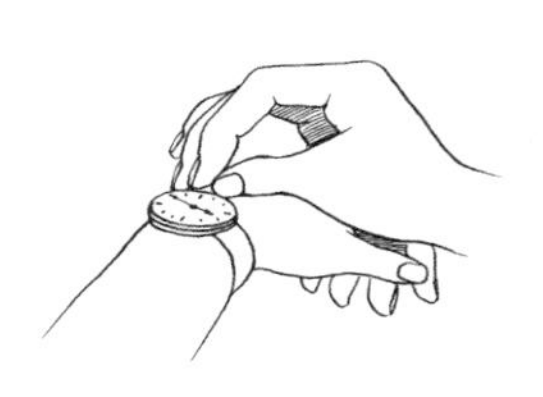

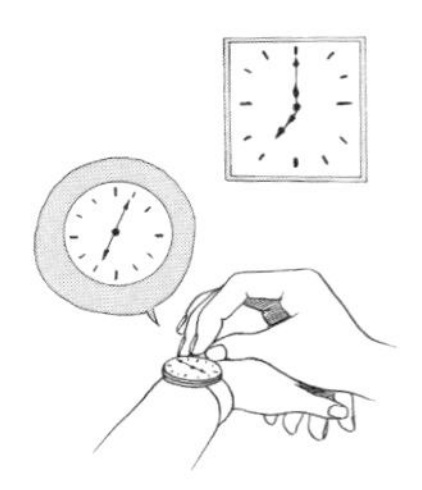

私(わたし)は腕時計(うでとけい)を 5分早(ごふんはや)く合(あ)わせました.

나는 알람시계를 7시 30분에 맞춰 놓습니다.

私(わたし)はアラーム時計(とけい)を 7時30分(しちじさんじゅっぷん)に合(あ)わせておきます.

그 의사는 부러진 뼈를 맞추고 있습니다.

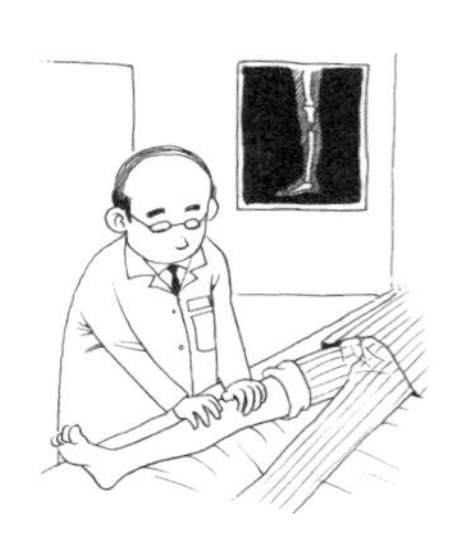

その醫者(いしゃ)は折(お)れた骨(ほね)を 合(あ)せています.

# 言(い)う, 話(はな)す

나는 혼자서 말합니다.

私(わたし)は獨(ひと)り言(ごと)を言(い)います.

나는 그녀에게 큰소리로 말합니다.

私(わたし)は彼女(かのじょ)に大(おお)きな聲(こえ)で話(はな)します.

# 사무라이가 머리를 정수리까지 깎은 이유는?

헤어스타일은 그 시대의 유행을 반영하는 하나의 기준인 동시에, 젊은이들이 자신만의 개성을 표현하는 주요 수단이다. 이는 현재뿐 아니라 먼 옛날에도 적용되는 이야기인 듯하다. 일본에 가보지 않았더라도 일본 영화나 사진 등을 통해 일본 무사들이 독특한 헤어스타일을 하고 있었다는 사실을 대부분 알 것이다. 머리 윗부분까지 깎고 옆 머리카락과 뒤 머리카락은 뒤쪽으로 상투를 틀어올린 모습 말이다. 이런 헤어스타일을 일본어로 丁髷(ちょんまげ)라고 하며, 머리를 정수리까지 깎는 모양을 月代(さかやき)라고 한다.

외관상으로는 매우 청결하고 깔끔해 보이지만 멋을 위해서 그렇게 깍은 것은 아니다. 戰國(せんこく)시대에 무사들은 적과 싸울 때 몸을 보호하기 위해서 갑옷과 투구로 무장했다. 그런데 그 투구는 무척 무겁고, 바람도 잘 통하지 않아서 무덥고 다습한 일본의 여름을 견뎌낸다는 게 거의 불가능했다. 군대를 다녀온 남자라면 이 심정을 조금은 짐작할 것이다.

무더위 속에서 철모를 쓰고 행군하거나 훈련했던 경험을 떠올려 보라! 정말 경험해 보지 않은 사람은 그 고통을 모를 것이다.

戰國(せんこく)시대의 일본 무사들도 마찬가지여서, 이때 고안해낸 것이 바로 앞 머리카락을 깎는 月代(さかやき)였다. 이는 효과가 있어서 머리가 길었을 때보다 훨씬 덜 덥게 느꼈다.

이런 헤어스타일이 평화 시기에도 계속 전해지게 되었는데, 그러다 보니 전쟁이 나면 언제든지 출전하겠다는 무사의 마음가짐으로 평상시에도 月代(さかやき) 형태의 머리 모양을 하는 경우가 많았다. 즉 月代(さかやき)가 자신들의 호적을 위한 충의 표시로 자리매김하게 된 것이다.

그렇다고 모든 사람들이 月代(さかやき)의 머리 형태를 할 수 있었던 것은 아니다. 이는 호적의 주군에 속한 무사에게만 주어진 특권으로, 주인이나 소속이 없던 浪人(ろうにん) 무사들은 머리를 길러 뒤쪽에서 하나로 묶는 總髮(そうはつ) 스타일을 했다. 따라서 月代(さかやき)는 신분을 과시하고 자신들을 浪人(ろうにん)들과 차별화하는 하나의 특권의식으로 자리잡았다. 하지만 세월이 흐르면서 月代(さかやき)는 평민 사이에서도 크게 유행했다.

# 行(い)く

나는 걸어서 학교에 갑니다.

私(わたし)は歩(ある)いて

學校(がっこう)へ行(い)きます.

나는 아이를 안고 갑니다.

私(わたし)は子供(こども)を

抱(だ)いて行(い)きます.

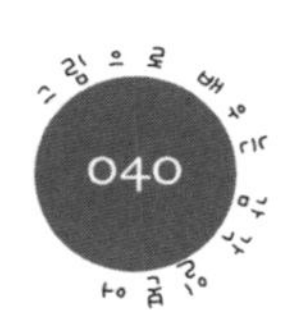

# 一緒(いっしょ)に使(つか)う，一緒(いっしょ)に被(かぶ)る

나는 침대를 동생과 같이 씁니다.

私(わたし)はベッドを　弟(おとうと)と一緒(いっしょ)に使(つか)います.

나는 우산을 여자친구와 같이 씁니다.

私(わたし)は傘(かさ)を　女友達(おんなともだち)と一緒(いっしょ)に被(かぶ)ります.

# 後ろ(うし)に, 遅れ(おく)て

그는 5미터 뒤에 있습니다.

彼(かれ)は5(ご)メートル 後ろ(うし)にいます.

나는 20분 늦게 도착했습니다.

私(わたし)は 20(にじっ)分(ぷん)遅れ(おく)て 到着(とうちゃく)しました.

내 손목시계는 5분 늦습니다.

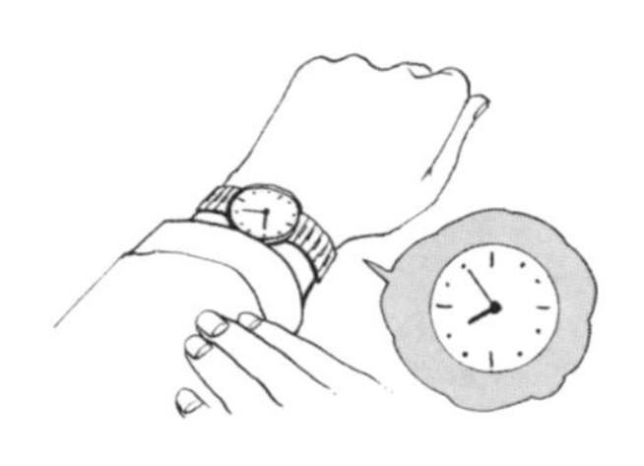

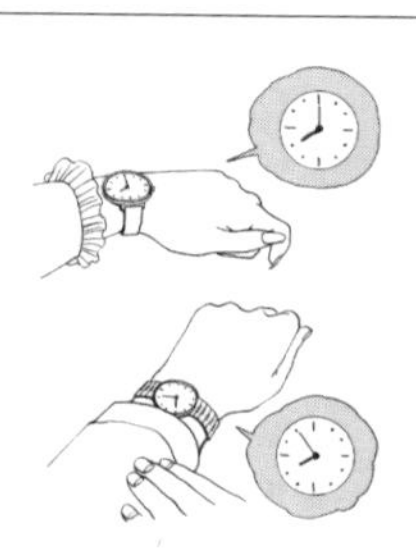

私(わたし)の時計(とけい)は　5分(ごふん)遅(おく)れます.

나는 뒤로 넘어집니다.

私(わたし)は後(うし)ろに　倒(たお)れます.

나는 뒤를 봅니다.

私(わたし)は後(うし)ろを　振(ふ)り向(む)きます.

나는 그녀 뒤에서 4번째 사람입니다.

わたし かのじょ うし
私は彼女の後ろから

しばんめ ひと
4番目の人です.

## う
## 打つ

나는 공을 담 너머로 칩니다.

わたし
私はボールを

こ う
かべを超えて打ちます.

나는 공을 방망이로 칩니다.

私(わたし)はボールを

バットで打(う)ちます.

나는 그 사람의 코를 갈깁니다.

私(わたし)はその人(ひと)の

鼻(はな)を打(う)ちます.

나는 망치로 탁자에 못을 박습니다.

私(わたし)は金(かな)づちでテーブルに

釘(くぎ)を打(う)ちます.

# 追(お)い出(だ)す, 追(お)い抜(ぬ)く

나는 술 취한 사람을 도로에서 밀어냅니다.

私(わたし)は酒(さけ)によった人(ひと)を 道路(どうろ)から追(お)い出(だ)しました.

나는 그를 집에서 차서 내쫓습니다.

私(わたし)は彼(かれ)を 家(いえ)から蹴飛(けと)ばして追(お)い出(だ)します.

おお
# 覆う

나는 손으로 입을 가립니다.

わたし　て
私は手で

くち　おお
口を覆います.

눈이 길을 덮습니다.

ゆき
雪が

みち　おお
道を覆います.

나무 한 그루가 길 위를 덮고 있습니다.

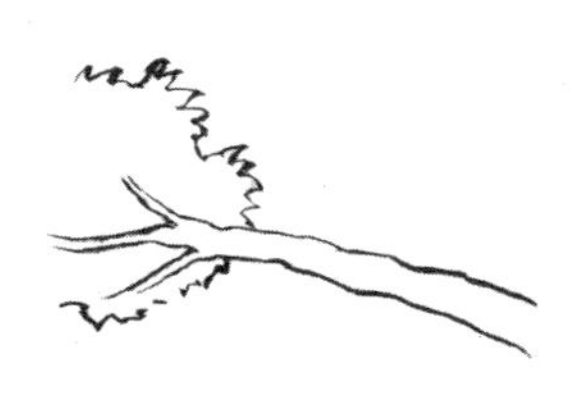

き　いっぽん
木の一本が

みち　うえ　おお
道の上を覆っています.

## お<br>起きる

나는 아침 일찍 일어납니다.

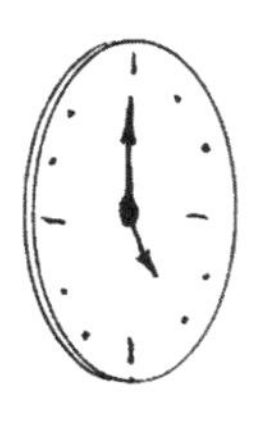

わたし あさはや
私は朝早く

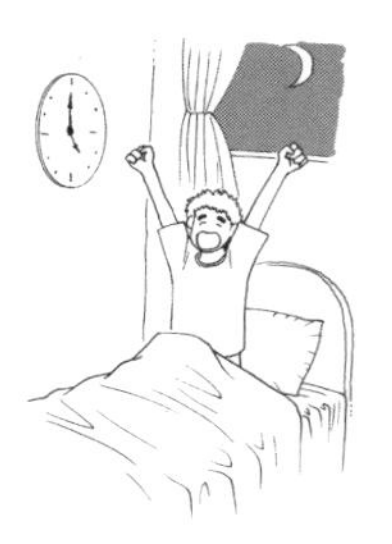

お
起きます.

나는 일찍 자고 일찍 일어납니다.

わたし はや ね
私は早く寝て

はや お
早く起きます.

나는 늦게 자고 늦게 일어납니다.

わたし おそ ね
私は遅く寝て

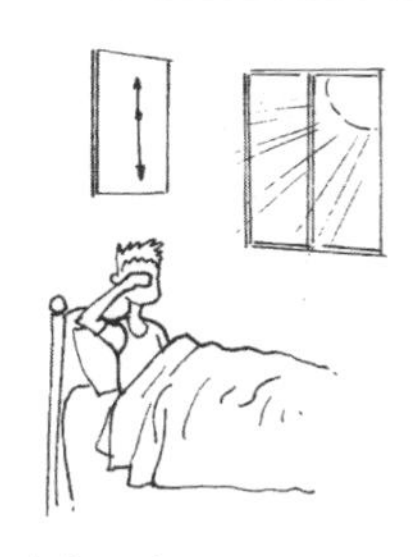

おそ お
遅く起きます.

나는 늦게까지 자지 않고 일어나 있습니다.

わたし おそ
私は遅くまで

ねむ お
眠らず起きています.

ふじさん
# 富士山(후지산)의 어원은?

あたま　をくも　うえ　だ
頭を雲の上に出し
しほう　やま　み お
四方の山を見下ろして
した　き
かみなりさまを下に聞く
ふじ　ひほんいち　やま
富士は日本一の山

머리를 구름 위로 내밀고

사방의 산을 내려다보며

천둥번개를 밑에서 듣는

후지는 일본 제일의 산

일본 초등학교 음악시간에 배우는 노래의 가사이다.

후지산은 일본 사람들이 무척 자랑스러워하는 일본 제일의 명산이다. 후지산은 해발 3,776미터의 정상에서 완만한 경사의 평야까지 산 전체가 자연스럽게 하나의 그림 같은 모습을 하고 있는데, 이런 아름다운 모습으로 인해 세계적으로도 이름이 높다.

후지산의 어원에는 日本語説, 아이누설, 南方語説 등 여러 가지 설이 있지만, 아직 확실한 결론을 못 내린 상태다.

日本語説에서는, 『万葉集』 3권에 있는 山部赤人이 읊은 후지산 시

에 '不盡山(ふじんさん)' 이라고 써 있는데, 이는 '영원히 없어지지 않는 산' 이라는 의미이며 읽을 때는 '후지산' 이라고 했을 것이라고 말한다. 간혹 '不二山' 이라고 쓰는 경우도 있는데, 이는 '두 개는 없다' 는 뜻으로 후지산이 '유일한 산' 이라는 의미라고 한다.

아이누설은 이 지역에 살고 있던 아이누족 인들이 화산 연기와 불을 보고 이름 지었다는 설로, '후지' 는 아이누어의 Funch(火 불), Push(噴火 분화)에서 왔다고 주장하지만 반대 의견도 많은 편이다.

많은 설 가운데 가장 설득력 있는 것은 南方說로, 말레이시아어로 '아름답다, 대단하다' 는 의미의 Puji(푸지)가 변하여 후지가 되었다고 한다. 전문가들은 아름다운 후지산을 보고 아름답다고 감탄한 소리가 산 이름이 되었다는 이 설이 음운사(音韻史) 면에서 볼 때 충분히 설득력이 있다고 말한다.

이렇게 전문가들 사이에서도 후지산의 어원에 대해 의견이 분분하지만, 후지산이 세계 제일의 아름다운 산이란 것에는 의견을 같이한다.

# 置(お)く

나는 구멍 위에 돌을 올려놓습니다.

私(わたし)は穴(あな)の上(うえ)に　石(いし)を置(お)きます.

나는 물건을 알파벳순으로 놓습니다.

私(わたし)は物(もの)を　アルファベット順(じゅん)に置(お)きます.

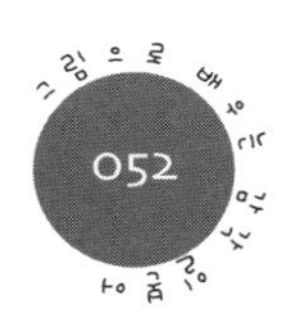

나는 상처 위에 붕대를 댑니다.

私(わたし)は傷(きず)の上(うえ)に

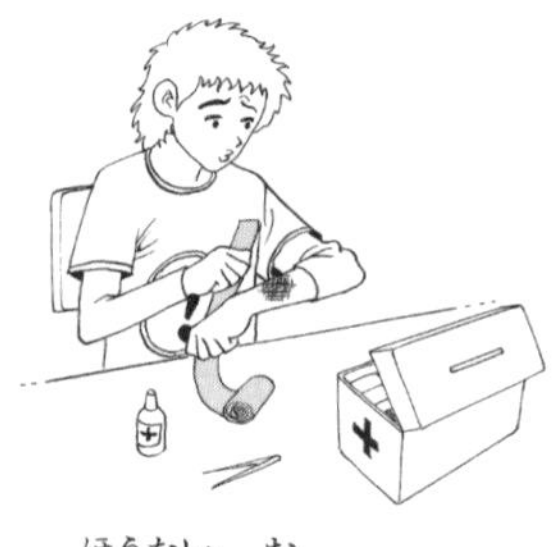

包帯(ほうたい)を置(お)きます.

## 押(お)す

나는 그 사람을 뒤로 밉니다.

私(わたし)はその人(ひと)を後(うしろ)に

押(お)します.

나는 보트를 강으로 밉니다.

私(わたし)はボートを　川(かわ)に押(お)します.

나는 카메라의 셔터를 누릅니다.

私(わたし)はカメラのシャッターを　押(お)します.

나는 벨을 누릅니다.

私(わたし)はベルを　押(お)します.

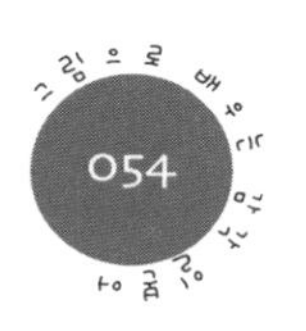

나는 방과 방 사이의 벽에 귀를 바싹 댑니다.

私は部屋と部屋の間の壁に

耳を押し付けます.

나는 항아리 단지의 뚜껑을 내리누릅니다.

私は壺の蓋を

押さえ付けます.

나는 문을 밀어서 엽니다. ↔ 私は門を押して閉めます. 나는 문을 밀어서 닫습니다.

私は門を

押して開けます.

おと　　お
# 落す，落ちる

나는 지붕에서 뒷마당으로 떨어집니다.

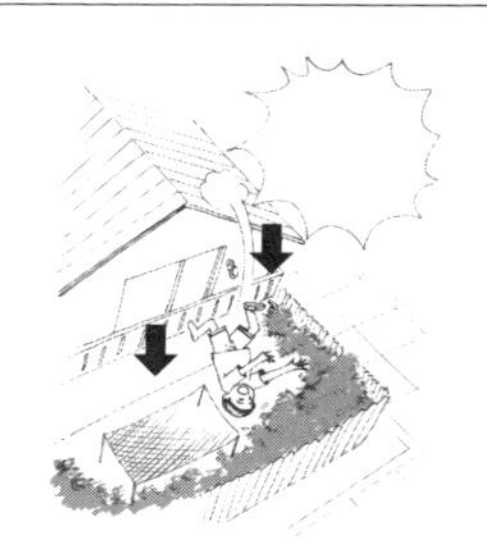

わたし　や ね
私は屋根から

うしろ　あきち　　お
後の空地に落ちます.

물이 땅에 똑똑 떨어집니다.

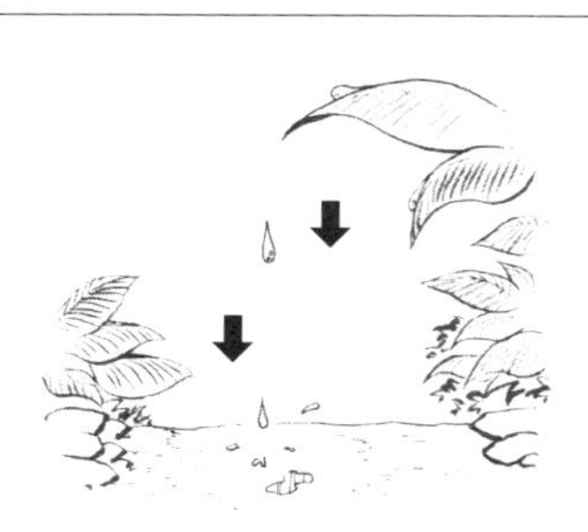

みず　ちめん
水が地面に

　　　お
ぽたぽた落ちます.

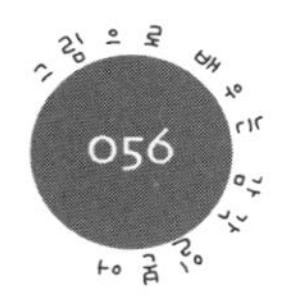

새 한 마리가 바닥에 떨어집니다.

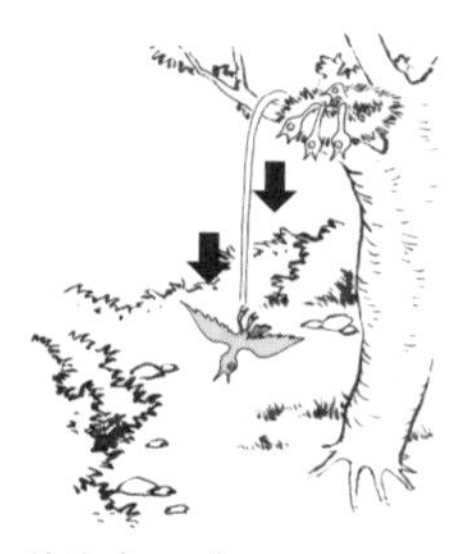

鳥一羽(とりいちわ)が　地面(じめん)に落(お)ちます.

나는 자전거에서 떨어집니다.

私(わたし)は　自転車(じてんしゃ)から落(お)ちます.

처마에서 빗방울이 뚝뚝 떨어집니다.

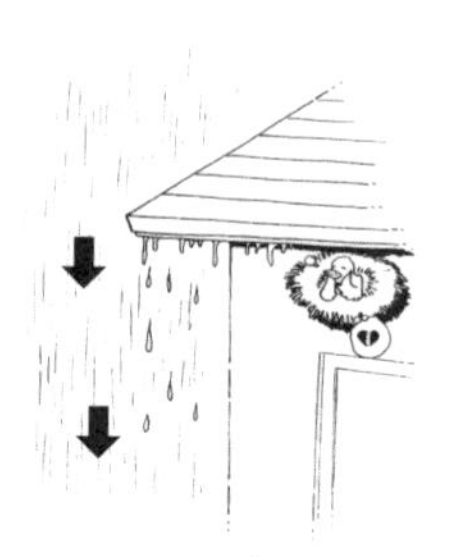

軒(のき)から雨粒(あまつぶ)が　ばらばらと落(お)ちます.

동전이 손에서 떨어졌습니다.

コインが 手(て)から 落(お)ちました.

나는 유리잔을 마루에 떨어뜨렸습니다.

私(わたし)はグラスを 床(ゆか)に落(おと)しました.

나는 나무 위에서 돌을 떨어뜨렸습니다.

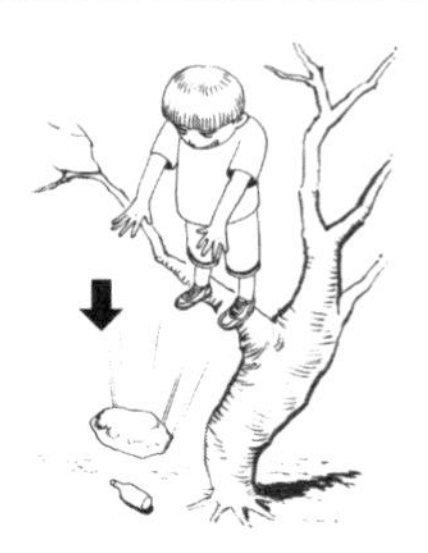

私(わたし)は木(き)の上(うえ)から 石(いし)を落(おと)しました.

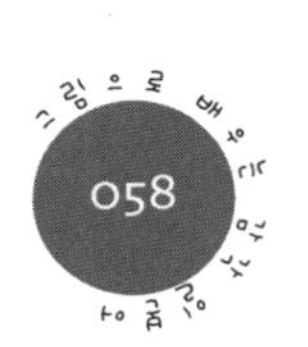

그 책은 내 손에서 떨어지고 있습니다.

その本(ほん)は　私(わたし)の手(て)から落(お)ちている.

나는 솔로 구두 먼지를 털어냅니다.

私(わたし)はブラシで　靴(くつ)の埃(ほこり)をはらい落(お)とします.

나는 종이를 불어서 탁자에서 떨어뜨립니다.

私(わたし)は紙(かみ)を吹(ふ)いて　テーブルから落(お)とします.

# おど
# 踊る

나는 탱고를 춥니다.

わたし
私はタンゴを

おど
踊ります.

나는 음악에 맞춰 춤을 추었습니다.

わたし おんがく あ
私は音樂に合わせて

おど
踊りました.

# 下(お)ろす, 下(さ)げる

나는 짐을 트럭에서 내립니다.

私(わたし)は荷物(にもつ)を　トラックから下(お)ろします.

나는 라디오의 볼륨을 낮춥니다.

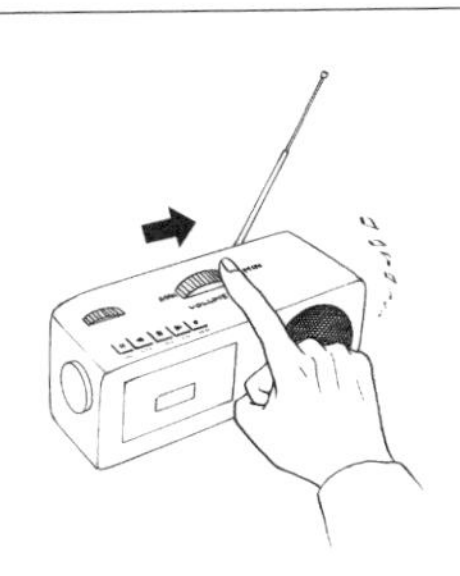

私(わたし)はラジオのボリュームを　下(さ)げます.

# 降(お)ろす, 降(ふ)る

나는 기를 내립니다.

私(わたし)は旗(はた)を

降(お)ろします.

책상에서 책을 내립니다. ↔ 机(つくえ)に本(ほん)を上(あ)げます. 책상에 책을 올립니다.

机(つくえ)から 本(ほん)を

降(お)ろします.

나는 주전자를 불에서 내립니다.

私(わたし)はやかんを　火(ひ)から降(お)ろします.

나는 커튼을 내립니다.

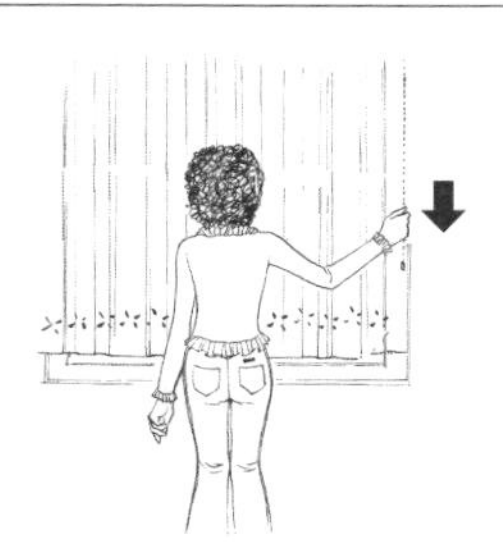

私(わたし)はカーテンを　降(お)ろします.

비가 억수같이 내리고 있습니다.

雨(あめ)が　土砂降(どしゃぶ)りで降(ふ)っています.

# 일본에 차[茶]가 들어온 시기는?

일본은 일본만의 다도(茶道) 문화가 발달되어 있어, 대부분의 사람들은 고대부터 차가 내려온 것으로 알고 있다. 그러나 일본에 차가 수입된 것은 奈良(なら)시대였다. 당나라에서 공부하던 스님들이 돌아올 때 중국에서 가져온 것이다. 당시 차는 건조시킨 차 잎을 절구에 찌어 가루로 만든 뒤 수증기로 쪄서 둥글게 만들었는데, 이것을 '團茶'라고 한다.

중국 남서의 산악지대가 원산지로 알려진 차는 처음에는 약으로 사용되었다. 그러나 일본 스님들이 가져온 '團茶'는 약보다는 수행승의 청량제 역할을 한 것으로 보인다.

차 속에는 카페인이 들어 있어 대뇌를 자극하고 머리를 맑게 해주며 피로감과 권태감을 줄여 준다. 그래서 일본에 들어올 당시에는 차를 약으로 생각했으며, 그만큼 가격도 비쌌다. 그래서 京都에 平安朝시대가 열리면서 천왕이 다원을 典藥寮라는 곳으로 만들었는데, 이것은 현재 보건복지부의 의약품관리부서에 해당하는 관리 기관이었다.

현재 많이 쓰이고 있는 가루로 만든 차, 즉 抹茶(まっちゃ)가 들어온 것은 鎌倉(かまくら)시대 초기 경으로, 중국의 송나라시대(960~1279년)에 중국으로 선을 공부하러 갔던 栄西上人이라는 사람이 가지고 들어왔다. 이는 일본 다도 발전에 하나의 큰 획을 그은 대단한 사건이었다.

かか
# 抱える

나는 겨드랑이에 책을 끼고 있습니다.

わたし　わき
私は脇に

ほん　かか
本を抱えています.

나는 배를 잡고 웃습니다.

わたし　はら　かか
私は 腹を抱えて

わら
笑います.

# 聞(き)く，立(た)ち聞(ぎ)きする

나는 그 강의를 듣습니다.

私(わたし)はその講義(こうぎ)を　聞(き)きます.

나는 그 사람들이 말하는 것을 듣습니다.

私(わたし)はその人(ひと)たちが　話(はな)すのを聞(き)きます.

나는 문 앞에서 엿듣습니다. → 私は彼女の話に耳を傾けます. 나는 그녀의 말에 귀를 기울입니다.

私は門の前で　　立ち聞きします.

# 掛ける

나는 코트를 옷걸이에 겁니다.

私はコートを　　ハンガーに掛けます.

나는 코트의 단추를 채웁니다.

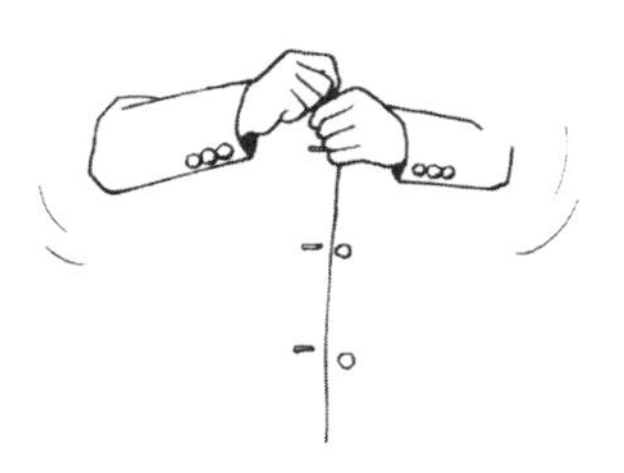

私(わたし)は上着(うわぎ)のボタンを　掛(か)けます.

나는 그 건물 뒤에 있는 자전거 거치대에 자전거를 걸어잠급니다.

私(わたし)はその建物(たてもの)の後(うしろ)にある　自転車置(じてんしゃお)き場(ば)に自転車(じてんしゃ)を掛(か)けます.

나는 주전자를 불에 올려놓습니다.

私(わたし)は湯沸(ゆわ)かしを　火(ひ)に掛(か)けます.

나는 엄마에게 전화를 겁니다.

私(わたし)はお母(かあ)さんに 電話(でんわ)を掛(か)けます.

어머니는 잠자는 아기에게 담요를 덮어줍니다.

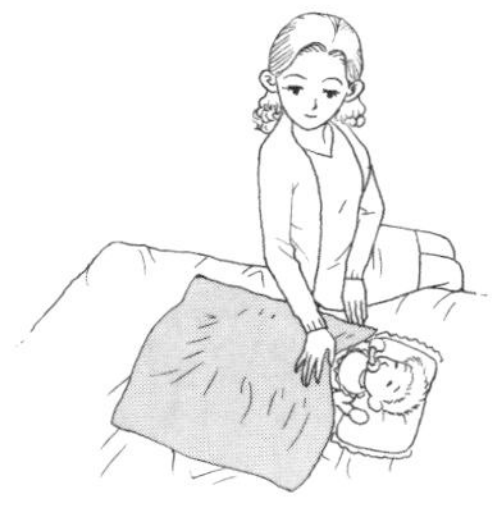

お母(かあ)さんは寝(ね)ている子供(こども)に 毛布(もうふ)を掛(か)けます.

나는 달력을 벽에 걸고 있습니다.

私(わたし)はカレンダーを 壁(かべ)に掛(か)けています.

나는 간판을 달고 있습니다.

私(わたし)は看板(かんばん)を

掛(か)けています.

## 着替(きか)える

나는 나들이옷으로 갈아입었습니다.

私(わたし)は晴(は)れ服(ふく)に

着替(きが)えました.

나는 옷을 입습니다. → 私(わたし)は服(ふく)を着(き)ています. 나는 옷을 입고 있습니다.

私(わたし)は服(ふく)を

着(き)ます.

## 切(き)る, 切(き)れる

나는 손톱을 깍습니다.

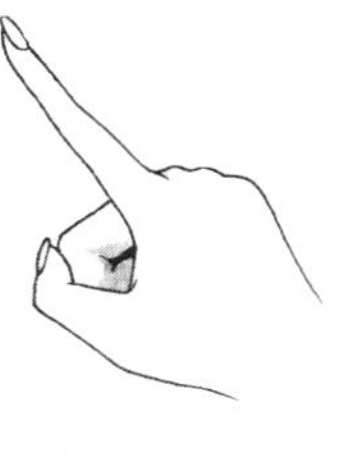

私(わたし)は爪(つめ)を

切(き)ります.

나는 종이를 두 개로 자릅니다.

私(わたし)は紙(かみ)を

2(ふた)つに切(き)ります.

나는 무를 얇게 썹니다.

私(わたし)は大根(だいこん)を

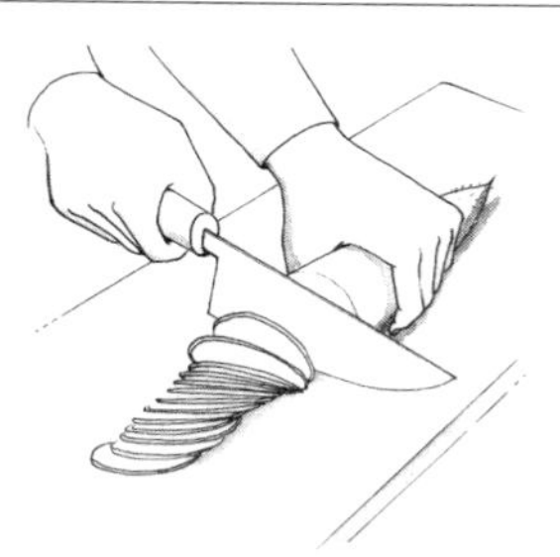

細(ほそ)く切(き)ります.

나는 머리카락을 자릅니다.

私(わたし)は髪(かみ)の毛(け)を

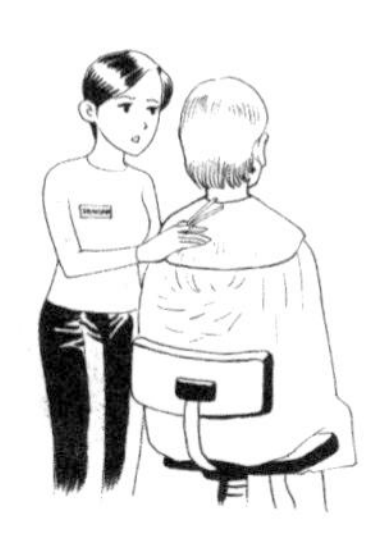

切(き)ります.

나는 손을 칼에 베었습니다.

わたし　て
私は手を

ほうちょう　き
包丁に切れました.

くしけず
# 梳る

나는 빗으로 머리를 빗습니다.

わたし
私はブラシで

かみ　くしけず
髪を梳ります.

그녀는 빗질을 하고 있습니다.

彼女(かのじょ)は

梳(くしけず)っています.

## 組(く)み合(あ)わせる, 組(く)み立(た)てる

나는 손가락을 깍지낍니다. → 私(わたし)は腕(ゆび)を組(く)み合(あ)わせます. 나는 팔장을 낍니다.

私(わたし)は指(ゆび)を

組(く)み合(あ)わせます.

나는 손목시계를 조립합니다.

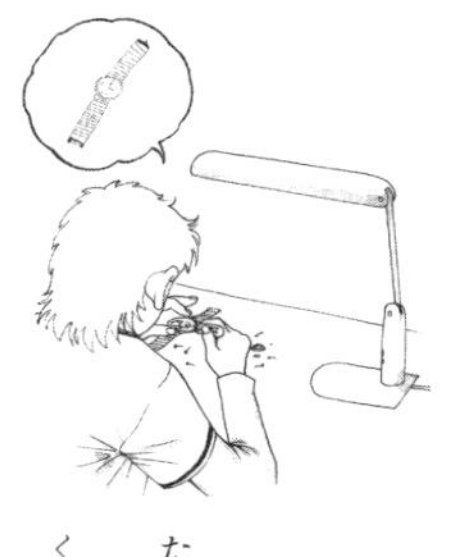

わたし　うでどけい
私は腕時計を

く　た
組み立てます.

나는 부품을 조립해서 자전거를 만듭니다.

わたし　ぶひん　く　た
私は部品を組み立てて

じてんしゃ　つく
自轉車を作りましします.

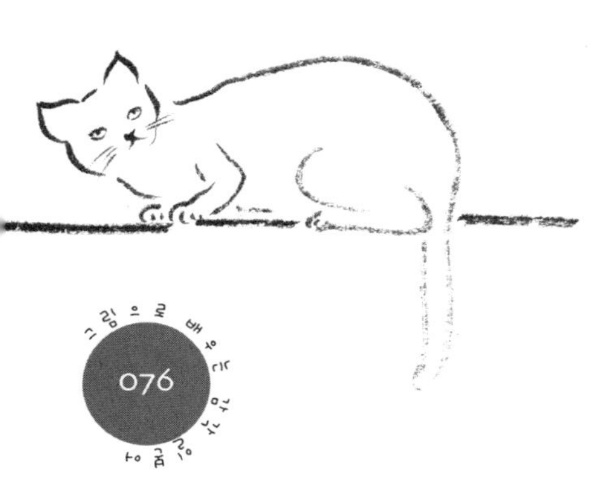

# 來(く)る

5번 다음에 오는 숫자는? →5番(ごばん)の前(まえ)に來(く)る數字(すうじ)は. 5번 앞에 오는 숫자는?

5番(ごばん)の次(つぎ)に

12345678910

?

來(く)る數字(すうじ)は.

다리에 쥐가 났다.

足(あし)に

痺(しび)れが來(き)た.

# 日本이라는 국명의 유래

일본이라는 국명을 사용하기 전까지지는 大八州, 秋津島, 豊葦原瑞穗國, 葦原中國, 大和 등으로 불렸으며, 중국에서는 倭라고 불렀다.

日本이라고 불리게 된 것은 大宝元年 서기 701년의 법령 '大宝律令'에 의해서였다. 大宝律令은 일본에서 가장 오래된 성문법으로, 법령상 일본이라는 국명을 처음으로 제정했다. 그러나 大宝律令에서는 日本이라고 쓰고, 'やまと' 또는 'ひのもと'라고 읽었다.

그러다가 奈良시대부터 생긴 한자 지식에 의해 뜻으로 읽지 않고 음으로 읽어 'にほむ'라고 발음하게 되었고, 다시 세월이 흘러 室町시대에 와서야 'にほん' 또는 'にっぽん'이라고 읽게 되었다.

현재는 'にほん' 또는 'にっぽん' 어느 쪽으로 발음해도 상관없지만, 昭和 9년에는 文部省臨時國語調査會(현재 우리나라 문교부 관할 국어분과에 해당)에서 강제적으로 にっぽん으로 통일해서 부르게 했다.

영문 표기의 ジャパン(JAPAN)은 『東方見聞錄』에 실려 있는 ジャパン(황금의 섬)에서 왔다.

# 일본인들은 카레에 왜 감자를 넣었나?

카레에 감자가 들어가지 않으면 뭔가 빠진 듯한 기분이 든다. 카레에 감자를 넣는 습관은 사실 일본에서 비롯되었다.

우리가 알고 있듯이 카레는 인도가 원산지다. 이것이 18~19세기경에 영국을 통해 일본에 들어온 것은 明治(めいじ)시대 초기였으며, 일반 서민에게 보급된 것은 明治(めいじ) 20년경의 일이다.

카레는 당시 '개화된 서양 문화'의 하나로 인식되었으며, 입에 맞지 않아 즐기는 사람이 그리 많지 않았다. 초기에는 일반 양파 대신 일본 양파를 넣어서 조리했는데, 일반 양파는 明治(めいじ)시대에 건너왔기 때문에 서민에게까지 일반화되어 있지 못했다. 감자 또한 양산 단계여서 그 당시에는 음식에 그리 많이 사용하지 못했다.

그렇다면 일본 사람들은 왜 카레에 감자를 넣어 먹게 된 것일까? 사람들 중에 유독 매운 맛을 즐기는 사람과 매운 음식을 잘 못 먹는 사람들이 있다. 카레라이스는 일반 음식과 달리 입맛에 맞게 매운 맛을 어느 정도 조절할 수 있다. 특히 매운 음식을 잘 못 먹는 일본 사람들은 삶은 감자를 으깨어 카레에 섞어 먹으면 덜 맵다는 사실을 알게 되었고, 이렇게 감자를 넣어 먹는 사람이 점점 더 늘어나면서 지금은 당연히 들어가는 하나의 주재료가 되었다.

# 蹴(け)る

나는 그의 엉덩이를 찹니다.

私(わたし)は彼(かれ)の尻(しり)を蹴(け)ります.

나는 바구니를 차서 뒤집습니다.

私(わたし)は籠(かご)を蹴(け)って引(ひ)っくり返(かえ)します.

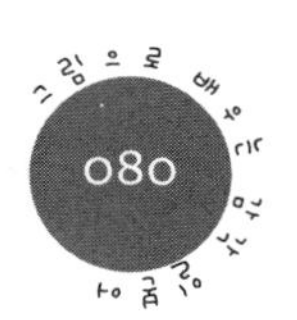

# 下(さ)がる, 下(くだ)る

온도가 내려갑니다.

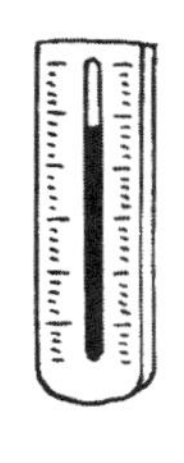

温度(おんど)が

下(さ)がります.

나는 텔레비전의 볼륨을 낮춥니다.

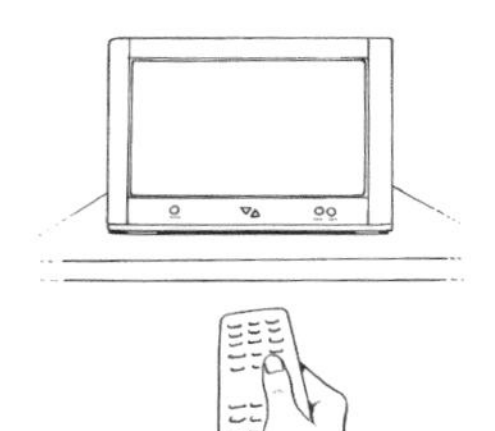

私(わたし)はテレビジョンの

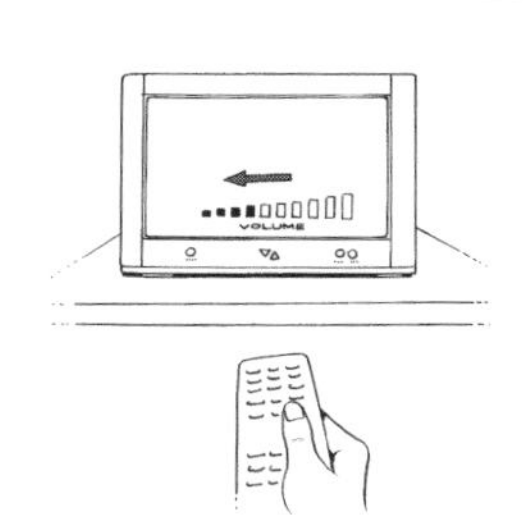


ボリュームを下(さ)げます.

물가가 내리고 있습니다. ↔ 物価(ぶっか)が上(あ)がっています. 물가가 오르고 있습니다.

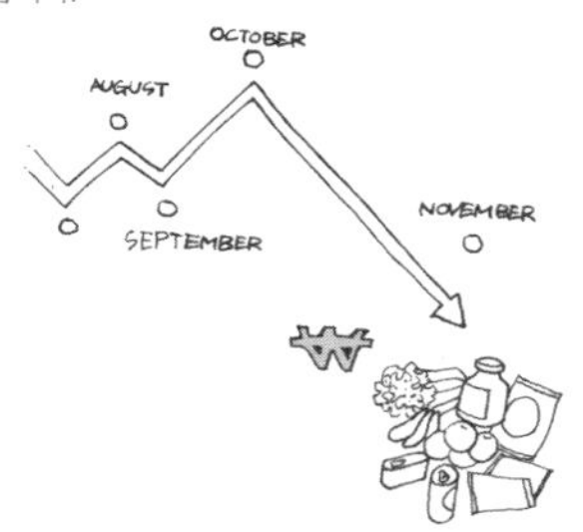


物価(ぶっか)が　下(さ)がっています.

나는 밧줄로 공중에 매달려 있습니다.

私(わたし)はロープで　空中(くうちゅう)にぶら下(さが)っています.

나는 사다리를 내려옵니다.

私(わたし)は梯子(はしご)を　下(くだ)ります.

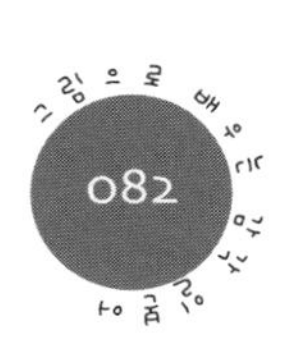

# 差(さ)し, 差(さ)しこむ

나는 머리에 꽃을 꽂았습니다.

私(わたし)は髪(かみ)に

花(はな)を差(さ)しました.

나는 열쇠를 끼워넣습니다.

私(わたし)は鍵(かぎ)を

差(さ)しこみます.

나는 플러그를 콘센트에 넣습니다.

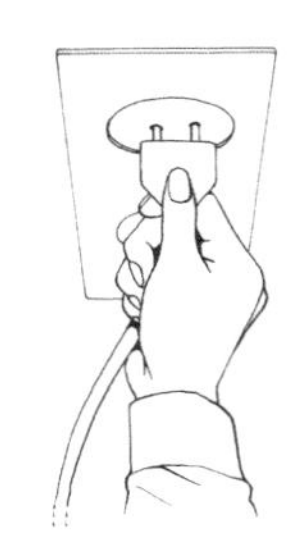

私(わたし)はプラグを　コンセントに差(さ)しこみます.

나는 광고지를 신문에 끼워넣습니다.

私(わたし)は廣告紙(こうこくし)を　新聞(しんぶん)に 差(さ)しこみます.

나는 책 갈피를 책에 넣습니다.

私(わたし)はブックマックを　本(ほん)に差(さ)しこみます.

# 絞(しぼ)る

나는 오렌지에서 과즙을 짜냅니다.

私(わたし)はオレンジから　果汁(かじゅう)を絞(しぼ)ります.

나는 튜브에서 치약을 짭니다.

私(わたし)はチューブの歯磨(はみが)きを　ぎゅっと絞(しぼ)ります.

# 締(し)める

나는 재킷의 지퍼를 잠급니다.

私(わたし)はジャケットの チャックを締(し)めます.

나는 지퍼를 움직여서 핸드백을 닫습니다.

私(わたし)はチャックを動(うご)かして ハンドバッグを締(し)めます.

# すす
# 濯ぐ

나는 빨래를 물에 헹구고 있습니다.

わたし せんたくもの
私は洗濯物を

みず すす
水に 濯いでいます.

나는 머리에서 비눗기를 말끔히 씻어냅니다.

わたし あたま せっけんけ
私は頭の石鹼氣を

きれい すす おと
綺麗に濯ぎ落します.

# する

나는 일광욕을 합니다.

わたし　にっこうよく
私は日光浴を　　します.

나는 잠깐 낮잠을 잡니다.

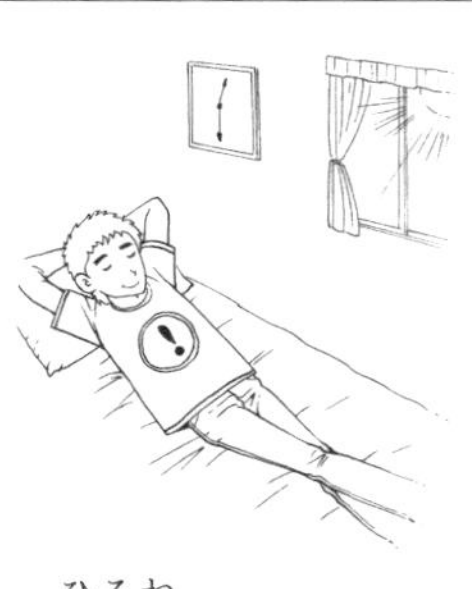

わたし
私はちょっと

ひるね
晝寝をします.

나는 동전을 길에 있는 거지에게 던져줍니다.

私(わたし)は銭(せん)なげを

道沿(みちぞ)いにいる乞食(こじき)にします.

나는 친구를 담요 위에서 헹가래칩니다.

私(わたし)は友達(ともだち)を

毛布(もうふ)のうえでどうあげをします.

나는 잠결에 돌아눕습니다.

私(わたし)は

寝返(ねがえ)りをします.

그 사람은 자동차를 미친 듯이 몹니다.

その人は車(くるま)を　氣違(きちが)いのように運転(うんてん)をします.

나는 그녀 볼에 키스를 했습니다. → 私(わたし)は彼(かれ)の額(ひたい)にキスをしました. 나는 그의 이마에 키스를 했습니다.

私(わたし)は彼女(かのじょ)の頬(ほお)に　キスをしました.

# 座(すわ)る

나는 의자에 앉습니다.

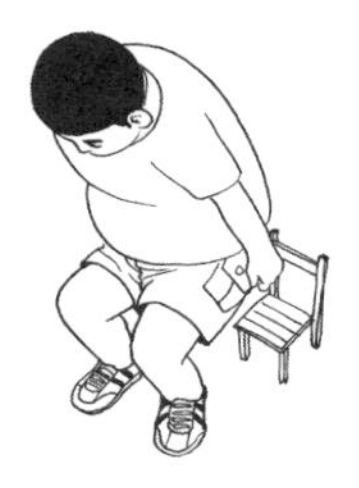

私(わたし)は椅子(いす)に　座(すわ)ります.

그들은 테이블을 사이에 두고 마주보고 앉아 있습니다.

その人(ひと)たちは　テーブルを間(あいだ)に向(む)かい合(あ)って座(すわ)っています.

# 사무라이는 왜 할복을 했나?

할복은 세계 어느 곳에서도 찾아보기 힘든 아주 독특한 자살 방법이다. 사실 할복보다 심장이나 목을 찌르는 것이 덜 고통스럽게 빨리 죽는 방법일 텐데, 일본의 무사들은 왜 굳이 고통이 매우 심한 할복을 택한 것일까?

옛날 일본 사람들은 혼(魂)이 배 안에 있다고 믿었다. '肝魂(담력)'이라는 말에서도 알 수 있듯이 머릿속보다도 뱃속에 있는 장기를 더 중요하게 생각했다. 이런 믿음으로 인해 혼이 깃들어 있는 배를 찌르거나 가르거나, 심한 경우에는 장을 끄집어내면 혼까지도 바로 죽을 수 있다는 사고(思考)를 하게 된 것이다.

할복은 鎌倉 · 室町 · 戰國시대로 내려가면서 사무라이 사이에서는 하나의 유행이 되었다. 할복의 고통은 말로 표현하기 어려운 것이어서 겁 많고 용기 없는 일반인들은 시도할 생각조차 하지 않았다. 반면 사무라이는 자신의 의지와 호기(豪氣)를 만천하에 보여주며 세상을 떠날 수 있는 좋은 방법으로 생각했기 때문에 자신들만의 용감한 자살법으로 할복을 받아들였다.

사무라이 사이에서 할복은 강제 자살 행위로, 가장 무거운 형벌이기도 했다. 할복의 고통을 못 이겨 난동을 부리는 사무라이도 있어서 고통을 덜어 주는 도우미로 목을 치는 介錯人(かいしゃくにん)이 늘 곁에 붙어 있었다.

일본에서 맨 처음 할복을 한 사람은 永延 2년(988년)에 죽은 怪盜 袴垂保輔라고 한다. 이 사람은 四天王의 가신들에게 쫓기던 중 더 이상 도망갈 수 없다는 사실을 깨닫고, 배를 가른 뒤 창자를 끄집어내어 죽으려고 했다. 그러나 불행히도 그 자리에서 죽지 못하고 감옥에 끌려가 다음날 옥사했다.

そそ
# 注ぐ

나는 포도 주스를 짜서 유리잔에 넣습니다.

わたし　ぶどう　　　　　　しぼ
私は葡萄ジュースを絞って

　　　そそ
グラスに注ぎます.

나는 그녀에게 주스 한 잔을 부어줍니다.

わたし かのじょ
私は彼女に

　　　　いっぱい　そそ　い
ジュース一杯を注ぎ入れます.

나는 물을 3개의 통에 붓습니다. →私(わたし)は彼(かれ)の顔(かお)に水(みず)をぶっかけました. 나는 그의 얼굴에 물을 끼얹었습니다.

私(わたし)は水(みず)を

3つ(みっ)の桶(おけ)に注(そそ)ぎ入(い)れます.

たお
# 倒る

나는 뒤로 벌렁 넘어집니다.

私(わたし)は後(うしろ)に

ぱたっと倒(たお)れます.

나는 바닥에 큰 대자로 넘어집니다.

<ruby>私<rt>わたし</rt></ruby>は<ruby>地面<rt>じめん</rt></ruby>に

<ruby>大<rt>だい</rt></ruby>の<ruby>字<rt>じ</rt></ruby>になり<ruby>倒<rt>たお</rt></ruby>れます.

<ruby>助<rt>たす</rt></ruby>ける

나는 동생이 바지 벗는 것을 도와줍니다.

<ruby>私<rt>わたし</rt></ruby>は<ruby>弟<rt>おとうと</rt></ruby>がズボンを

<ruby>抜<rt>ぬ</rt></ruby>いでいるのを<ruby>助<rt>たす</rt></ruby>けます.

나는 남동생의 숙제를 도와줍니다.

私(わたし)は弟(おとうと)の 宿題(しゅくだい)を助(たす)けます.

나는 일어나는 노인을 도와줍니다. ↔ 私(わたし)は座(すわ)る老人(ろうじん)を助(たす)けます. 나는 앉는 노인을 도와줍니다.

私(わたし)は起(お)きる老人(ろうじん)を 助(たす)けます.

나는 물에 빠진 사람을 도와주고 있습니다.

私(わたし)は川(かわ)で溺(おぼ)れた人(ひと)を 助(たす)けています.

나는 아버지가 신발 신는 것을 도와드렸습니다.

わたし　　とう　　　くつ
私はお父さんが靴を

は　　　　たす
履くことを助けました.

## たた
## 叩く

나는 문을 두드립니다.

わたし　もん
私は門を

たた
叩きます.

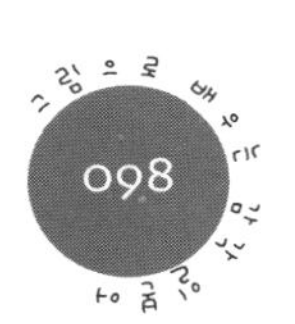

나는 문을 두드려 여동생을 깨웁니다.

私(わたし)は門(もん)を叩(たた)いて

妹(いもうと)を起(お)こします.

나는 그 사람을 때려눕힙니다.

私(わたし)はその人(ひと)を

叩(たた)き倒(たお)します.

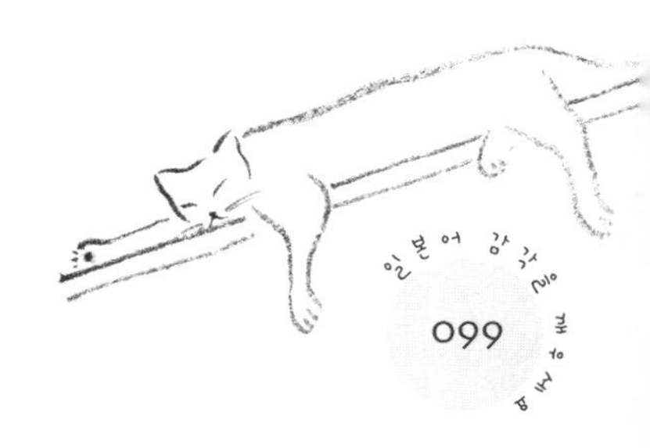

# 사무라이의 월급은 왜 쌀로 지급되었나?

何人扶持(なんにんぶち) 또는 何萬石(なんまんせき)라고 하는 무사의 옛 월급은 쌀로 지급되었다. 경제 통화 수단으로 화폐가 있고, 또 그 화폐가 널리 통용되고 있었음에도 월급을 쌀로 지급한 나라는 일본뿐인 듯하다.

江戸(えと)시대에는 2홉5부라는 량이 사용되었다. 이것은 하루 두 끼를 먹었던 시대에 성인이 먹는 한 끼 쌀의 양으로, 사람들의 평균적인 위 크기를 기준으로 한 것이다. 즉, 두 사람의 하루 급여를 계산하면 하루 5홉의 두 배, 즉 한 되 정도의 쌀이 지급되었다. 사람 위의 크기를 기준으로 월급을 정한 나라는 찾아보기 어려울 것이다.

그렇다면 왜 굳이 월급을 쌀로 지급했을까? 쌀은 섬나라 일본의 최대 생산물인 동시에 주식이다. 특히 좁은 국토에서 끊임없이 세력 전쟁을 해야 했던 시대에는 쌀 생산량이 권력의 힘을 가늠하는 가치 기준이 되었다. 또한 쌀 생산량은 그 지역 영주의 권력과 그 밑에서 월급을 받는 무사의 수를 가늠할 수 있는 척도가 되기도 했다.

# 神社에 참배할 때 손뼉을 치는 이유는?

神社를 찾은 참배객들이 가볍게 손뼉을 몇 번 치고 참배를 드리는 모습을 TV에서 보았을 것이다. 중국의 역사책 가운데 『ぎし倭人傳(わじんでん)』을 보면, '倭人(わじん)(日本人)은 존경하는 사람을 만나면 손뼉을 친다' 라는 기록이 있다. 이것으로 보아, 옛날 일본 사람들은 현대인들이 반가운 사람을 만나면 악수를 하듯이 박수를 친 듯하다.

이 박수는 '魂振(たまふり)' 라고 하는데, 손뼉을 칠 때 나는 소리로 신을 초대하여 서로의 혼과 혼이 만나 신으로부터 축복을 받겠다는 목적이었다. 이것이 지금까지 전해져 참배할 때 손뼉을 치는 전통이 생긴 것이다.

참배할 때 손뼉을 치는 방법은 '二拝二拍手拝' 즉, '두 번 머리를 숙이고 두 번 손뼉을 친 후 한 번 머리를 숙이는 것' 이 보통이다.

# 立てる

나는 눈 위에 장대를 세웁니다.

私は雪の上に棒を立てます.

나는 책장을 창문 옆에 세웁니다.

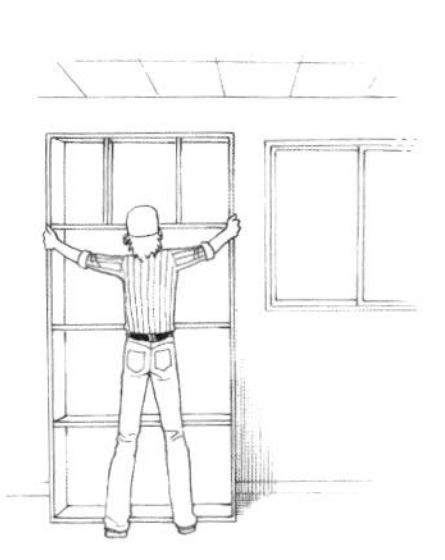

私は本棚を窓側に立てます.

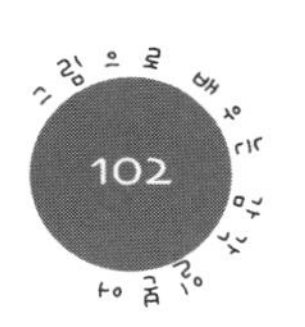

나는 깃대를 땅에 박습니다.

私(わたし)は旗(はた)ざおを 地面(じめん)に立(た)てます.

나는 사다리를 벽에 기대어 세웁니다.

私(わたし)は梯子(はしご)を 壁(かべ)に立(た)てかけます.

나는 손에 연필을 들고 서 있습니다.

私(わたし)は手(て)に 鉛筆(えんぴつ)を持(も)って立(た)っています.

나는 귀 뒤에 연필을 끼우고 서 있습니다.

私(わたし)は耳(みみ)の後(うしろ)に　鉛筆(えんぴつ)を挟(はさ)み立(た)っています.

나는 차렷 자세로 서 있습니다.

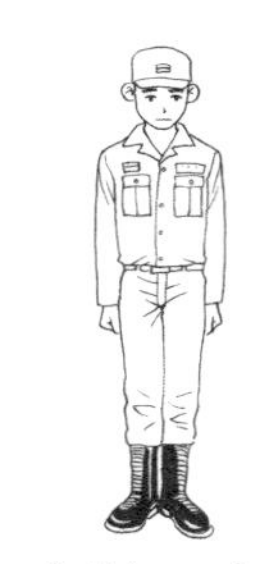

私(わたし)は　氣(き)をつけの姿勢(しせい)で立(た)っています.

나는 열중쉬어 자세로 서 있습니다.

私(わたし)は　休(やす)めの姿勢(しせい)で立(た)っています.

나는 팔장을 낀 채로 출입구에 서 있습니다.

私は腕を組んで 出口に立っています.

나는 발 끝으로 서 있습니다. →私は両手で逆立ちます. 나는 두 손으로 물구나무를 섭니다.

私は つま先で立っています.

나는 슬리퍼를 말리기 위해서 세워 놓습니다.

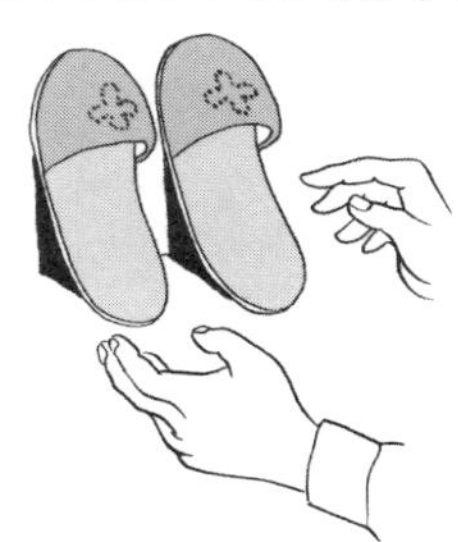

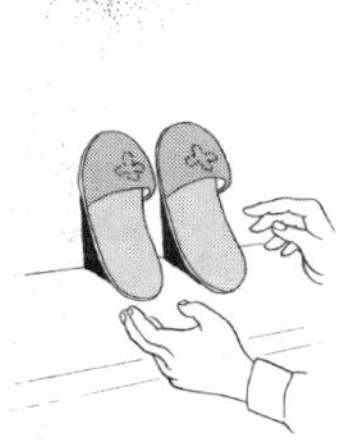

私はスリッパを 乾かすために立てておきます.

つく
# 作る

나는 할아버지를 위해서 길을 만듭니다.

わたし　おじい
私は叔父さんのために

みち　つく
道を作ります.

이 공간에 맞는 탁자를 만듭니다.

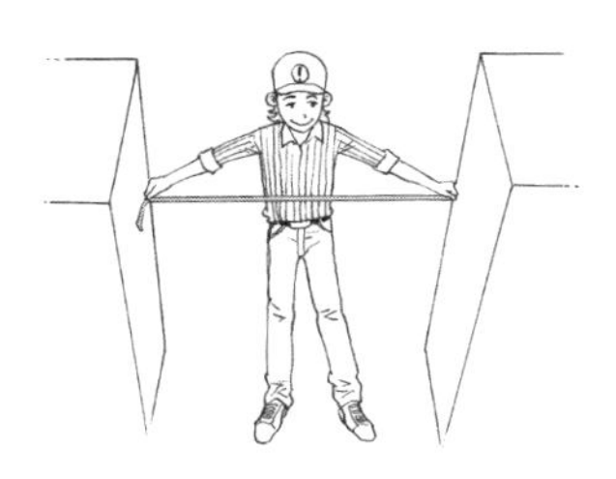

くうかん
この空間にあう

つく
テーブルを作ります.

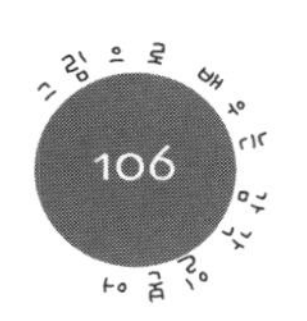

나는 톱으로 통나무를 잘라서 판자를 만듭니다.

私(わたし)は鋸(のこぎり)で丸太(まるた)を挽(ひ)いて 板(いた)を作(つく)ります.

그는 도구를 가지고 책상을 만들고 있습니다.

彼(かれ)は道具(どうぐ)を使(つか)って 机(つくえ)を作(つく)っています.

나는 잠자리를 만들고 있습니다.

私(わたし)は寝所(ねどころ)を 作(つく)っています.

# 付ける

나는 커튼을 창문에 답니다.

私はカーテンを

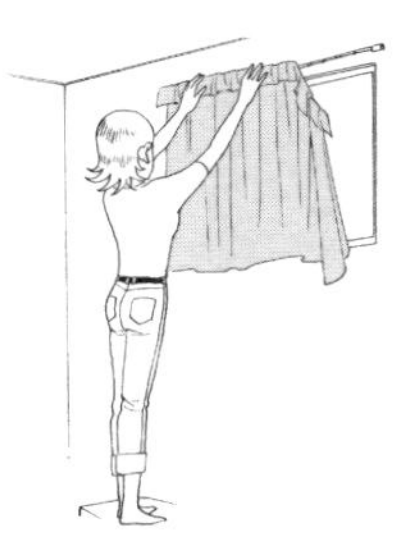

窓に付けます.

나는 단추를 스웨터에 답니다.

私はボタンを

セーターに付けます.

나는 수화기를 귀에 댑니다.

わたし　じゅわき
私は受話器を

みみ　つ
耳に付けます.

나는 전구를 천장에 답니다.

わたし　でんきゅう
私は電球を

てんちょう　つ
天頂に付けます.

# 明治시대가 되면서 평민이 성(姓)을 갖게 된 이유는?

江戸시대에는 무사계급 외에 부농(富農)이나 부상(富商)만이 성씨를 가질 수 있었다. 서민은 성씨를 가질 수 없었기 때문에 '○○屋의 누구', '○○동네의 누구' 처럼 직업이나 살고 있는 동네 이름을 앞에 붙여서 성씨처럼 사용했다.

그러다가 明治 8년에 평민들도 모두 성씨를 가져야 한다는 법률이 생겼다. 그렇다고 이 법률이 신분제도를 철폐한다는 의미는 아니었다. 실제로 평민들도 성씨를 갖도록 하는 법률 제정에 열심이었던 곳은 陸軍省(현 육군본부에 해당)이었다. 明治 6년에 국민징병령 제도가 도입되었는데, 징병 서류를 발송하려고 해도 호적 정리가 되어 있지 않아 징병이 잘 이루어지지 않았기 때문이다. 그도 그럴 것이 '○○屋의 누구', '○○동네의 누구' 만 적혀 있는 호적만으로 징병 같은 큰 일을 어떻게 처리할 수 있었겠는가.

그래서 생각해낸 것이 평민들도 성씨를 갖게 하는 제도였다. 하지만 처음에는 이 제도가 평민들 사이에서 큰 호응을 얻지 못했다고 한다. 징병이 마음에 걸렸기 때문이다. 그러나 정부는 강제로 이 법률을 시행하면서, 끝까지 성씨를 갖지 않으려는 집안에는 공무원이 강제로 이름을 지어 주고 문패를 붙이기도 했다고 한다.

당시 성씨는 친족 회의 등을 통해 정하기도 했지만, 많은 사람들이 스님에게 부탁하기도 했다. 너무나 많은 사람들이 성씨를 만들어 달라고 하니 스님들도 이만저만 고민이 아니었을 것이다. 그래서 그 중에는 산 속에 살고 있다는 이유만으로 '山中(やまなか)'라는 성씨를 갖게 되었다.

# 繋(つな)ぐ, 繋(つな)がる

나는 이 선을 그 전화기에 연결합니다.

私(わたし)はこの線(せん)を

その電話機(でんわき)に繋(つな)ぎます.

이 길은 고속도로와 연결되어 있습니다.

この道(みち)は

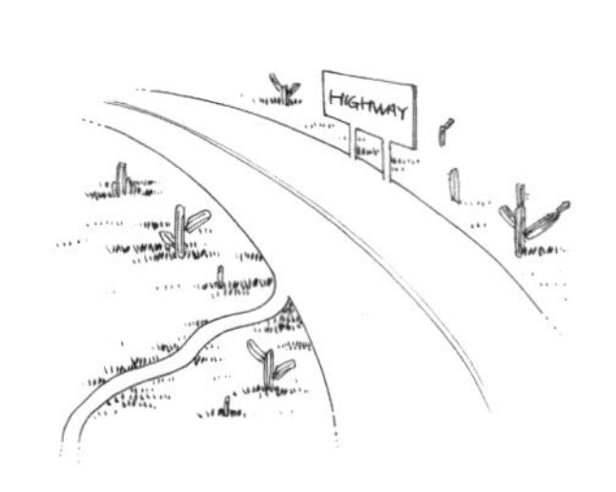


高速道路(こうそくどうろ)と繋(つな)がっています.

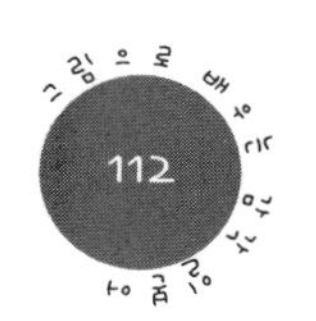

# 積(つ)みる

먼지가 책상 위에 두껍게 깔립니다.

埃(ほこり)が机(つくえ)の上(うえ)に

厚(あつ)く積(つ)もります.

배에 짐을 싣고 있습니다. ↔ 船(ふね)に荷物(にもつ)を下(お)ろしています. 배에 짐을 내리고 있습니다.

船(ふね)に荷物(にもつ)を

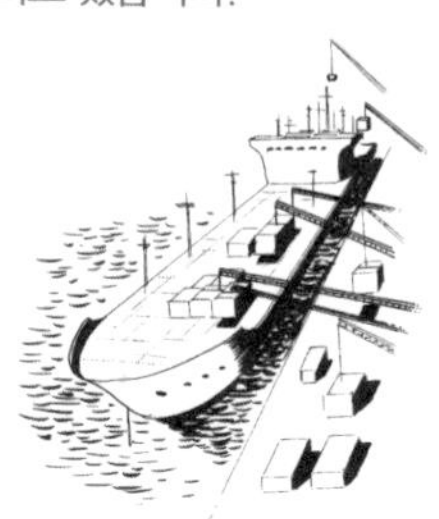

積(つ)んでいます.

# ...です

날씨가 살을 에이는 듯이 춥다.

天氣(てんき)が凍(こお)り付(つ)くほど　寒(さむ)いです.

입김이 보일 정도로 춥다.

息(いき)が見(み)えるほど　寒(さむ)いです.

지독히도 덥다.

とても　暑(あつ)いです.

그녀는 발이 크다.

彼女(かのじょ)は足(あし)が　大(おお)きいです.

1 더하기 2는 3이다.

1(いち)たす2(に)は　3(さん)です.

# 出(で)る

콧물이 흐릅니다.

鼻水(はなみず)が

出(で)ます.

이마에 여드름이 납니다.

ひたいに

面皰(にきび)が出(で)ます.

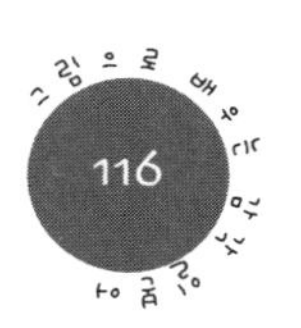

코피가 나고 있습니다.

鼻血(はなぢ)が

出(で)ています.

나는 서둘러 방에서 나가고 있습니다.

私(わたし)は慌(あわ)てて

部屋(へや)から出(で)ていきます.

# 明治(めいじ)시대가 되면서 수염을 기르는 사람들이 많아진 이유는?

일본 젊은이들을 보면 수염을 기르고 있는 사람들이 꽤 된다. 수염 기르기 역시 하나의 유행으로, 취업시기가 되면 대부분 말끔히 면도를 한다.

明治(めいじ)시대에는 수염이 지위를 상징했기 때문에 정치인이나 장관만이 기를 수 있었다. 그렇다면 왜 정치인이나 장관은 수염을 길렀을까?

명치유신을 계기로 30~40대의 젊은이들이 신정부의 관리직을 맡게 되었는데, 이때 젊은 그들을 가벼이 여기는 사람들이 적지 않았다. 그래서 젊은 관리들이 관록(貫祿)을 표현하는 한 방법으로 수염을 기르기 시작했다고 한다.

明治(めいじ) 초기에는 굵은 '八' 자 모양의 수염이 유행했다. 최대한 굵은 수염을 만들기 위해 당시 지위가 높은 관리들은 꽤 많은 시간과 공을 들였다고 한다.

일로전쟁(日露戰爭) 이후에는 군인들을 중심으로 'カイゼル수염'이 크게 유행했다. 'カイゼル'는 독일 황제를 칭하는 말로, 당시 독일은 세계 열강 가운데 하나였다. 일본은 그 당시 독일식 군대를 운영하고 있었기 때문에 군인들 사이에서 'カイゼル'는 그야말로 동경의 대상이었다. 코밑에서부터 가늘고 길게 길러 수염 끝을 위쪽으로 올리는 'カイゼル수염'은 관리가 어려워서 'カイゼル수염' 전용 남성 화장품이 있을 정도였다고 한다. 그 당시 남자들이 얼마나 유행에 민감한 멋쟁이들이었는지 짐작할 수 있는 대목이다.

그러다가 明治(めいじ) 말기가 되면서 수염을 기르는 것이 신사의 조건 가운데 하나로 자리매김하게 되었고, 그 이후 일용직 노동자들까지도 유행처럼 수염을 기르게 되었다.

# 解(と)ける, 解(と)き放(はな)す

나는 매듭을 풉니다. →私(わたし)はその人(ひと)を自由(じゆう)に放(はな)します. 나는 그 사람을 자유롭게 풀어 줍니다.

私(わたし)は結(むす)び目(め)を

解(と)きます.

나는 개를 풀어 줍니다. →私(わたし)は犬(いぬ)をわなから放(はな)します. 나는 개를 줄에서 풀어 줍니다.

私(わたし)は犬(いぬ)を

解(と)き放(はな)します.

# 閉(と)じる, 閉(し)める

나는 책을 덮었습니다. ↔ 私(わたし)は本(ほん)を開(ひら)きました. 나는 책을 열었습니다.

私(わたし)は本(ほん)を　閉(と)じました.

이 꽃은 낮 동안은 오므라듭니다.

この花(はな)は　晝(ひる)の間(あいだ)は閉(と)じています.

나는 입을 꼭 다뭅니다.

私(わたし)は口(くち)を

固(かた)く閉(と)じます.

나는 그녀가 나간 후에 문을 닫습니다.

私(わたし)は彼女(かのじょ)が出(で)た後(あと)

門(もん)を閉(し)めます.

그 문은 잘 닫히지 않습니다.

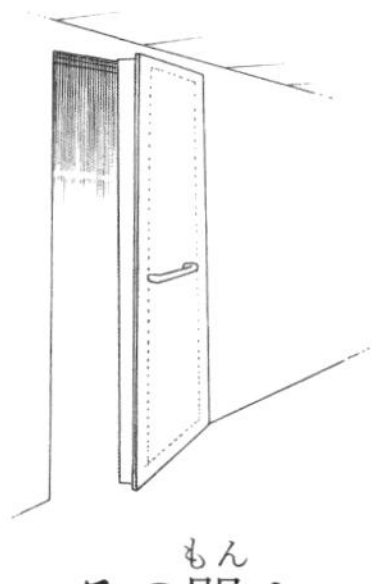

その門(もん)は

よく閉(し)まりません.

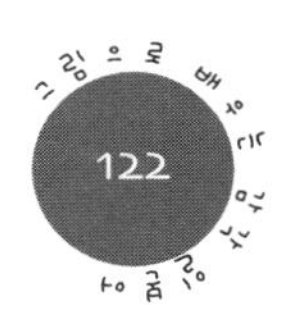

# 留(と)める

나는 서류를 핀으로 꽂습니다.

私(わたし)は書類(しょるい)を ピンで留(と)めます.

나는 게시판에 종이를 꽂습니다.

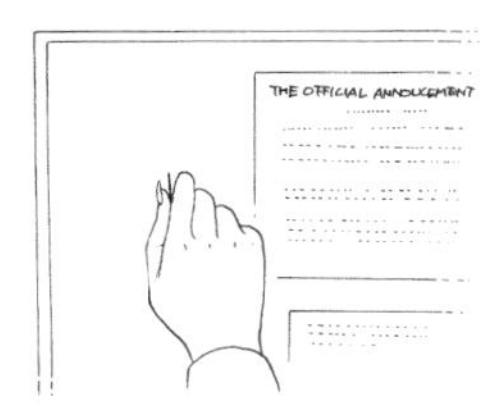


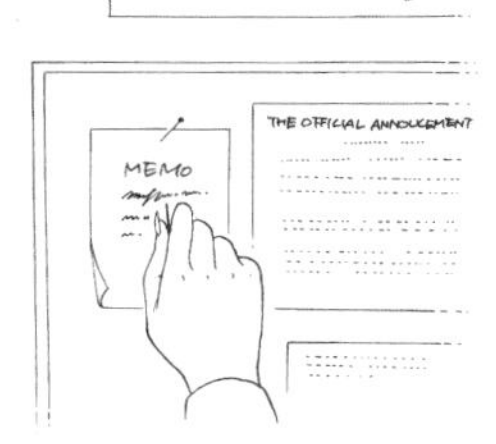


私(わたし)は掲示板(けいじばん)に 紙(かみ)を留(と)めます.

# 飛(と)ばす

난로 위에 있는 주전자가 끓는 물을 튀기고 있습니다.

ストーブの上(うえ)にある湯沸(ゆわ)かしが　沸(わ)き立(た)った水(みず)を飛(と)ばしています.

서류가 여기저기 바람에 날려갑니다.

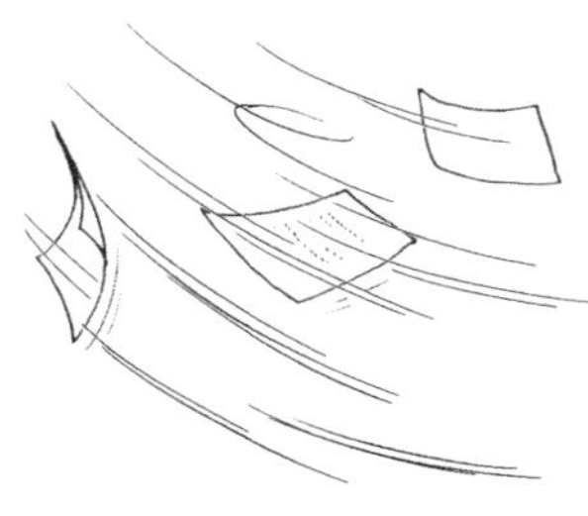

書類(しょるい)があちこちへ　風(かぜ)に飛(と)ばされます.

나는 버스에 뛰어오릅니다.

私(わたし)はバスに　飛(と)び乗(の)ります.

나는 창문에서 뛰어내립니다.

私(わたし)は窓(まど)から　飛(と)び降(お)ります.

나는 길 위에 있는 돌을 뛰어넘습니다.

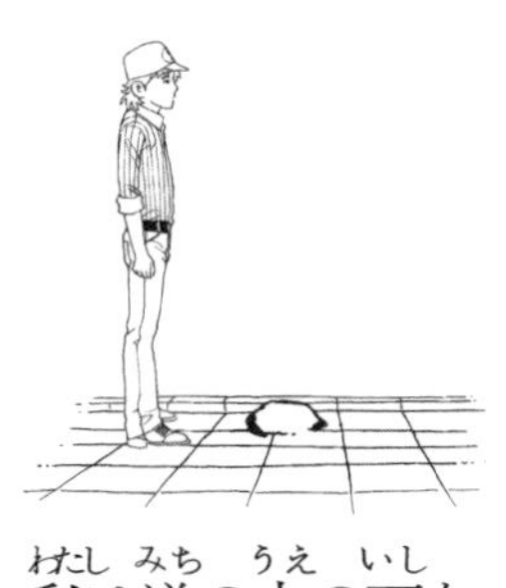

私(わたし)は道(みち)の上(うえ)の石(いし)を　飛(と)び越(こ)えます.

나는 지붕에서 뛰어내렸습니다.

私(わたし)は屋根(やね)から

飛(と)び降(お)りました.

## 取(と)る, 取(と)り付(つ)ける

나는 수화기를 듭니다.

私(わたし)は受話器(じゅわき)を

取(と)ります.

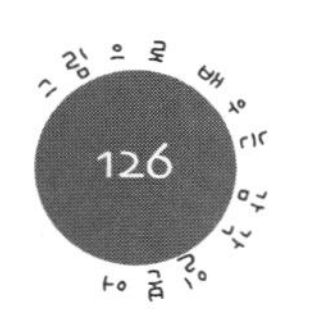

나는 그녀의 손을 잡습니다.

私(わたし)は彼女(かのじょ)の

手(て)を取(と)ります.

나는 책장에서 책을 꺼냅니다.

私(わたし)は本棚(ほんだな)から

本(ほん)を取(と)ります.

나는 스웨터에서 단추를 뗍니다.

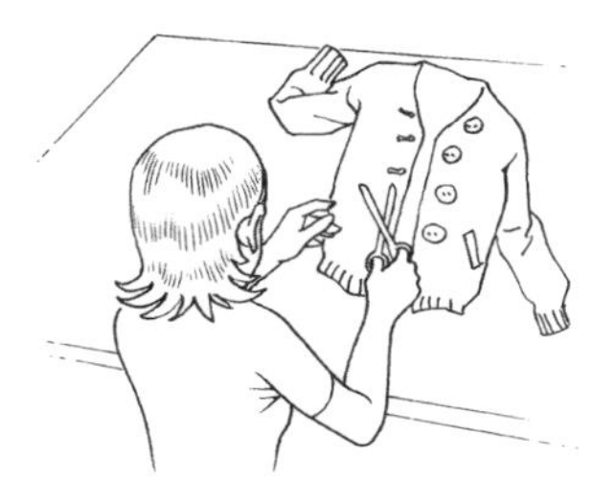

私(わたし)はセーターから

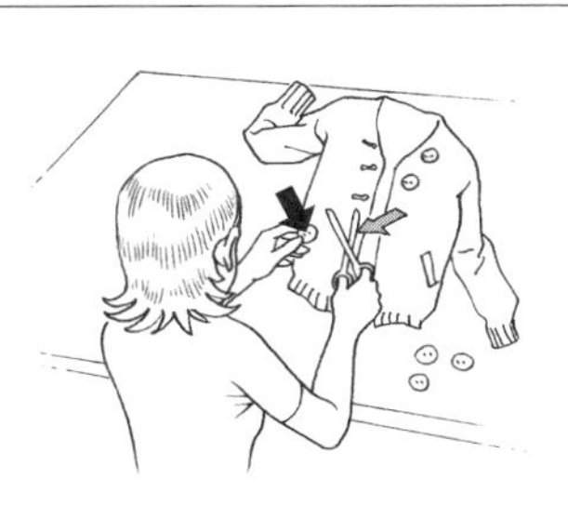

ボタンを取(と)ります.

나는 두 개의 부품을 따로 떼어놓습니다.

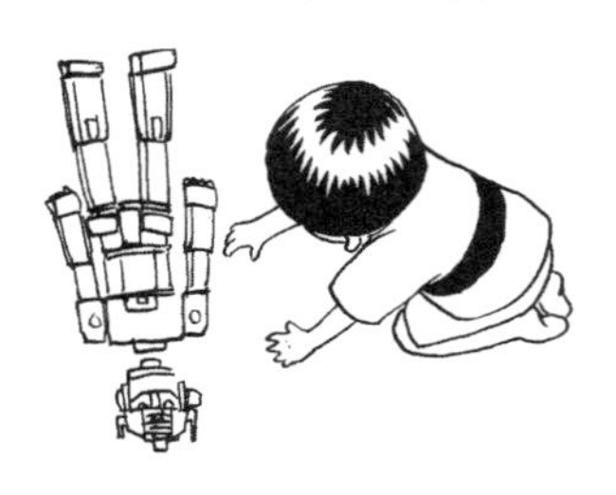

わたし ふた　ぶひん
私は二つの部品を

べつ と
別に取っておきます.

나는 문의 손잡이를 나사로 조입니다.

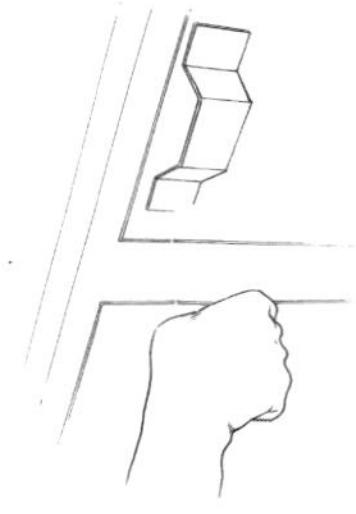

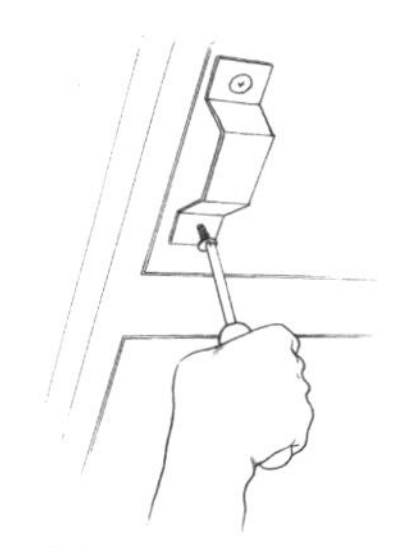

わたし もん と て
私は門に取っ手を

くぎ と
ねじ釘で取りつけます.

나는 현관에 국기를 고정했습니다.

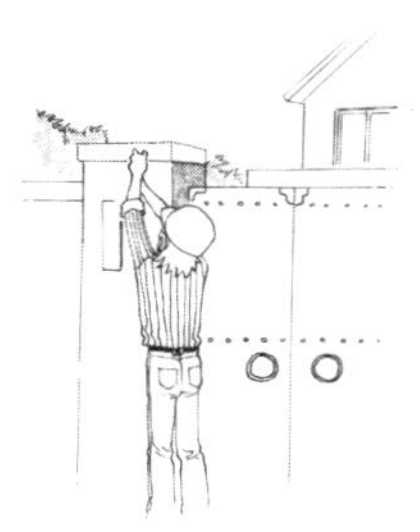

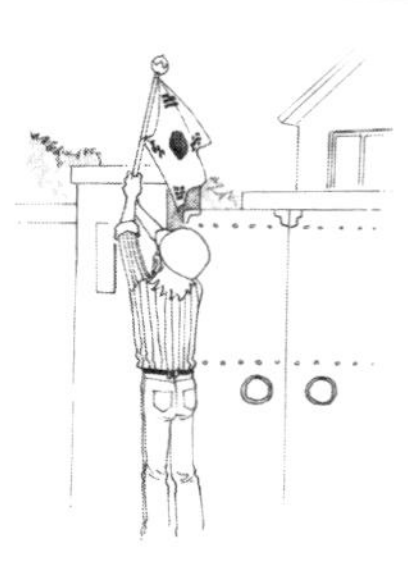

わたし げんかん はた
私は玄關に旗を

と つ
取り付けます.

그는 박스에서 몇 권의 책을 꺼냅니다.

彼はボックスから　何さつかの本を取り出します.

나는 뼈를 깨끗하게 발라냅니다.

私は骨をきれいに　取り除きます.

자리를 맡아주겠습니까?

席を　取ってくれますか.

# 일본 사람들이 집에 '床の間(とこのま)'를 만들어 놓는 이유는?

일본 집의 객실에는 한쪽에 방바닥보다 한 층을 높게 하고, 벽에는 그림이나 족자를 걸며, 그 위에 화분이나 화병을 놓는 곳이 있는데, 이를 '床の間(とこのま)'라고 한다.

일본의 옛날 집들은 보통 나무판을 깔아 마루를 만들고, 다다미는 요즘의 침대대용으로 사용했다. 일본 집 형태의 전형이라고 할 수 있는 다다미를 집 안에 깔게 된 것은 室町(むろまち)시대에 '書院造り(일본 건축법의 한 가지로 현관, 영창, 다다미 등이 있는 일본 집의 가장 흔한 구조)'가 완성되면서부터다. 이 다다미가 깔려 있는 곳보다 한 층 높게 마루를 만들어놓은 곳을 바로 '床の間(とこのま)'라고 한다.

원래 이 '床の間(とこのま)'에는 불상이나 달마 그림, 또는 가르침을 주는 글을 족자로 만들어 걸어놓은 뒤 불을 밝히고 늘 음식을 올려놓았다. 그래서 사람이 절대 올라가서는 안 되는 신성한 곳이란 인식이 강했다. 그런데 요즘에는 조금 변화하여 미술적 가치가 높은 그림이나 물건을 놓고 감상하는 곳으로 사용되기도 한다.

# 일본 선술집에 'のれん(헝겊으로 만든 발)' 이 걸려 있는 이유는?

요즘에도 선술집에 짙은 청색의 'のれん' 을 걸어둔 곳이 꽤 있지만, 江戸(えど)시대에는 어느 상점이고 'のれん' 이 걸려 있었다고 한다. 'のれん' 에 손님을 가게 안으로 끌어들이는 힘이 있다고 믿었기 때문이다. 즉, 지나가는 사람들은 밝은 대낮에 'のれん' 으로 가려져 있는 상점 안을 들려다보고 싶은 충동이 생긴다는 것이다. 또 밤이 되면 'のれん' 뒤에서 비치는 불빛이 지나가던 사람으로 하여금 상점 안으로 들어가게 만든다고 한다. 손님 입장에서는 'のれん' 을 들치고 들어가는 것이 문을 열고 들어가는 것보다 저항감이 적기 때문에 보다 쉽게 상점 안으로 발을 들여놓을 수 있어 좋다. 이와 같이 'のれん' 은 손님을 끌어들이는 힘과 자유롭게 들어가고 나올 수 있는 여유, 그리고 안과 밖을 구별할 수 있는 공간 분리 효과와 그 상점을 알리는 심벌 마크로 상징되어 소중하게 여겨졌다. 'のれんが古(ふる)い' 라는 말은 '老舗(しにせ)', 즉 역사가 오래된 상점이란 뜻으로, 그 상점의 신용을 나타낸다.

# 投(な)げる

나는 책을 여기저기에 던집니다.

私(わたし)は本(ほん)を

あちこちに投(な)げます.

나는 유리창을 겨냥해서 돌멩이를 던집니다.

私(わたし)は窓(まど)ガラスを狙(ねら)って

石(いし)を投(な)げます.

나는 휴지를 휴지통에 넣습니다.

私(わたし)はちり紙(がみ)を　ゴミ箱(ばこ)に投(な)げます.

나는 개에게 뼈를 던져줍니다.

私(わたし)は犬(いぬ)に　骨(ほね)を投(な)げ上(あ)げます.

나는 그녀에게 로프를 던져줍니다.

私(わたし)は彼女(かのじょ)に　ロープを投(な)げ上(あ)げます.

나는 후라이팬으로 팬케이크를 던져올려서 뒤집습니다.

私(わたし)はフライパンでパンケーキを　投(な)げ上げてひっくり返(かえ)します.

나는 도둑을 감옥에 넣습니다.

私(わたし)は泥棒(どろぼう)を　監獄(かんごく)に投(な)げ込(こ)みます.

나는 더러운 옷들을 세탁기에 던져넣습니다.

私(わたし)は汚(よご)れた服(ふく)を　洗濯機(せんたくき)に投(な)げ入(い)れます.

# 鳴(な)らす

나는 정문의 벨을 울립니다.

私(わたし)は正門のベルを　鳴(な)らします.

알람시계가 울리고 있습니다.

時計(とけい)の　アラームが鳴(な)っています.

나는 종을 울려서 벨 보이를 부릅니다.

私(わたし)はベルを鳴(な)らして

ボーイを呼(よ)びます.

## 握(にぎ)る

나는 손에 펜을 쥐고 있습니다.

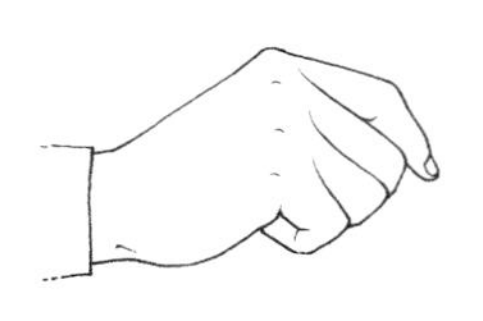

私(わたし)は手(て)で

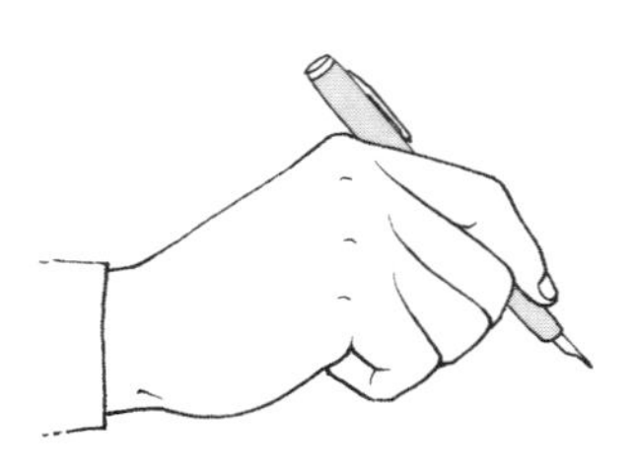

ペンを握(にぎ)っています.

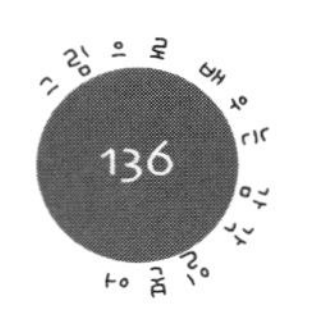

나는 풍선을 꽈악 잡습니다.

私(わたし)は風船(ふうせん)を　きゅっと握(にぎ)り締(し)めます.

## 脱(ぬ)ぐ

그는 신발을 벗습니다.

彼(かれ)は靴(くつ)を　脱(ぬ)ぎます.

나는 옷을 벗습니다. → 私(わたし)は眼鏡(めがね)をはずします. 나는 안경을 벗습니다.

私(わたし)は服(ふく)を

脱(ぬ)ぎます.

# 抜(ぬ)く

나는 직접 충치를 뽑습니다. ↔ 私(わたし)は人(ひと)にたのみ歯(は)を抜(ぬ)きます. 나는 사람을 시켜서 이를 뽑습니다.

私(わたし)は直接(ちょくせつ)

蟲歯(むしば)を抜(ぬ)きます.

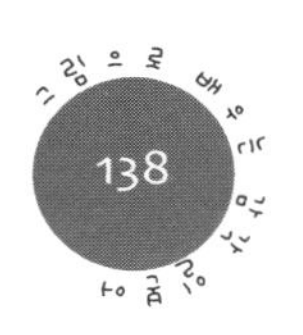

나는 테이블에서 못을 제거합니다.

私(わたし)はテーブルから　釘(くぎ)を抜(ぬ)きます.

나는 손가락에서 반지를 뺍니다.

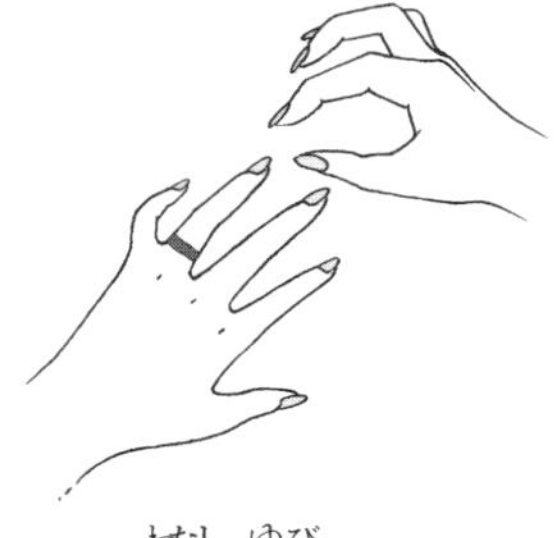

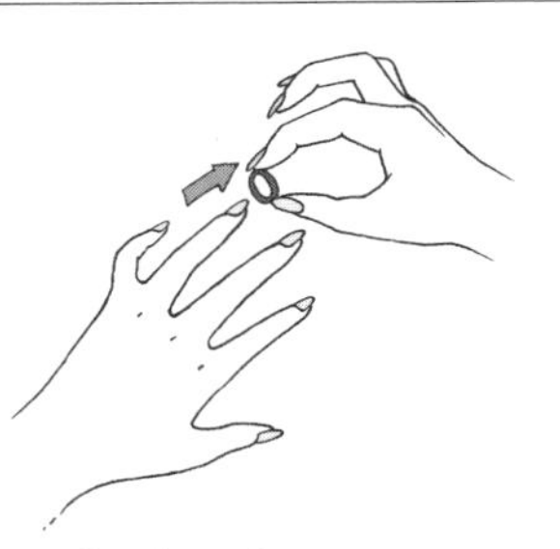

私(わたし)は指(ゆび)から　指輪(ゆびわ)を抜(ぬ)きます.

나는 머리에서 핀을 뺍니다.

私(わたし)は髪(かみ)から　ピンを抜(ぬ)きます.

나는 타이어의 공기를 뺍니다.

私(わたし)はタイヤの　空氣(くうき)を抜(ぬ)きます.

나는 손가락에서 가시를 뺍니다.

私(わたし)は指(ゆび)の刺(とげ)を　抜(ぬ)きます.

유리잔의 이가 나갔습니다.

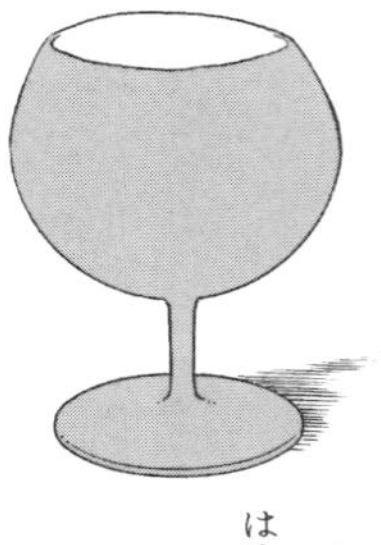

グラスの歯(は)が　抜(ぬ)けました.

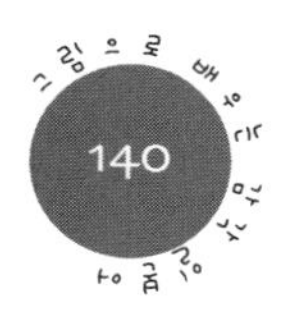

머리카락이 빠졌습니다.

髪(かみ)の毛(け)が　　　抜(ぬ)けました.

맥주의 김이 빠졌습니다.

ビールの泡(あわ)が　　　抜(ぬ)けました.

나는 침대에서 나옵니다.

私(わたし)はベッドから　　　抜(ぬ)け出(だ)します.

# 일본에서 일출을 제일 먼저 볼 수 있는 곳은?

일출처럼 흔히 볼 수 있으면서도 사람의 마음을 흔들어 놓는 광경도 흔치 않다. 이런 마음이 절로 생기는 이유는 우리 가슴 깊은 곳에 자연에 대한 경외심과 태양의 은혜에 감사하는 마음이 존재하기 때문은 아닐까?

일출 가운데서도 특히 엄숙한 기분을 갖게 하는 것은 바로 신년 첫 아침에 맞는 일출이 아닐까 싶다. 이는 일본 사람들도 예외는 아닐 것이다. 그렇다면 일본에서 가장 먼저 일출을 볼 수 있는 곳은 어디일까?

일본에서의 일출시각은 일반적으로 다음과 같은 세 가지 조건에 의해서 결정된다.

① 동쪽으로 갈수록 빨리 볼 수 있다.

② 남쪽으로 갈수록 빨리 볼 수 있다.

③ 높은 곳으로 갈수록 빨리 볼 수 있다.

이 확률은 동쪽으로 경도(經度) 1도를 갈수록 약 4분, 남쪽으로 경도(經度) 1도를 갈수록 약 2분 30초, 고도 1000미터 올라갈수록 약 5분, 2000미터 올라갈수록 약 7분 정도 단축된다는 의미다.

그러나 일본 열도의 형태를 생각해 보면 이 세 가지 조건을 충족시키는 곳은 없다(小笠原諸島는 제외). 결국 일본에서 제일 먼저 일출을 볼 수 있는 곳은 일본에서 제일 높은 산인 富士山이다. 물론 동쪽에 위치하고 있는 北海道의 ノサップ岬, 남쪽을 대표하는 沖縄県那覇에서도 이른 일출을 볼 수 있다.

# 狙う

나는 총을 과녁에 겨눕니다.

わたし じゅう

私は銃を

ひょうてき ねら

標的に狙います.

나는 돌멩이를 나무에 있는 새에게 겨누었습니다.

わたし いし

私は石で

き　　　　　とり　ねら

木にいる鳥を狙いました.

# 塗(ぬ)る

나는 솔로 벽에 페인트칠을 합니다.

私(わたし)はブラシで

壁(かべ)にペイントを塗(ぬ)ります.

나는 얼굴에 분을 바르고 있습니다.

私(わたし)は顔(かお)に

おしろいを塗(ぬ)っています.

나는 립스틱을 입술에 바르고 있습니다.

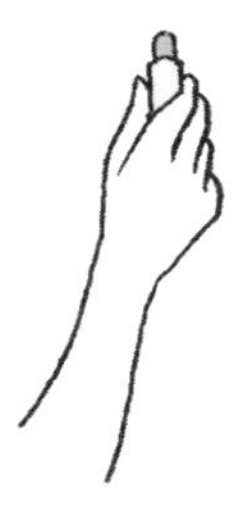

私(わたし)は口紅(くちべに)を　唇(くちびる)に塗(ぬ)っています.

나는 비누를 목욕용 타월에 칠하고 있습니다.

私(わたし)は石鹸(せっけん)を　バスタオルに塗(ぬ)っています.

나는 상처 난 팔에 약을 바르고 있습니다.

私(わたし)は傷付(きずつ)いた腕(うで)に　薬(くすり)を塗(ぬ)っています.

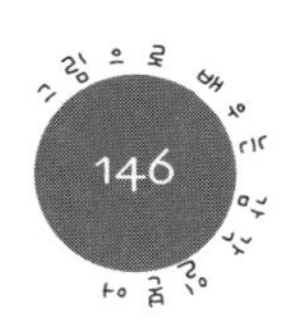

나는 빵에 버터를 펴발랐습니다.

私(わたし)はパンに

バターを塗(ぬ)りました.

## 寝(ね)る

나는 이불을 덮고 잡니다.

私(わたし)は布團(ふとん)を

掛(か)けて寝(ね)ます.

나는 아주 푹 잡니다.

私(わたし)は ぐっすり寝(ね)ます.

나는 엎드려서 잡니다.

私(わたし)はうつぶせて 寝(ね)ます.

나는 옷을 입은 채로 잡니다.

私(わたし)は服(ふく)を着(き)たまま 寝(ね)ます.

나는 팔베개를 하고 잡니다.

わたし ひじまくら
私は肘枕で

ね
寝ます.

나는 하루 종일 잡니다.

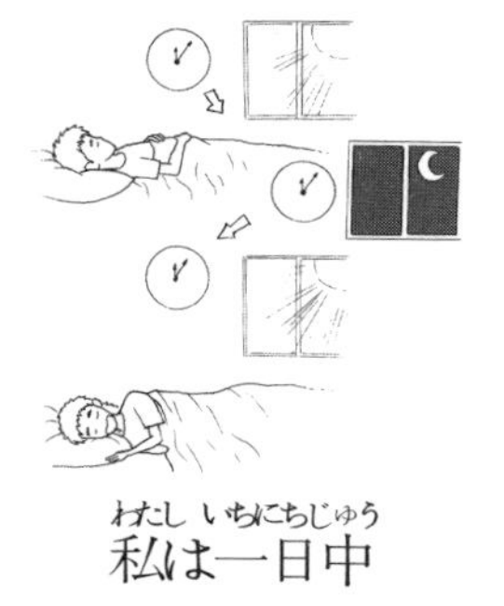

わたし いちにちじゅう
私は一日中

ね
寝ます.

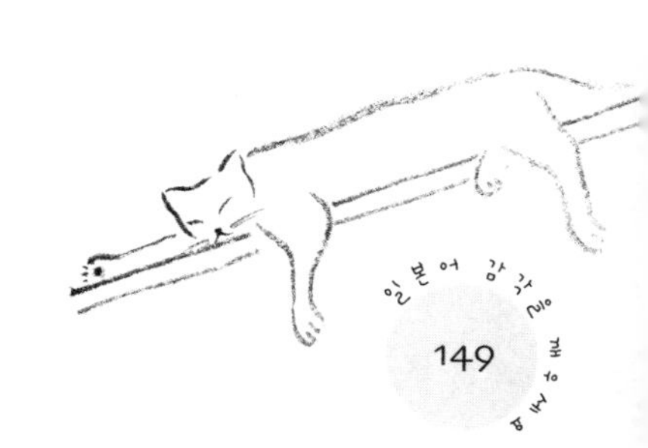

# 乗(の)せる

나는 택시를 탑니다. ↔ 私(わたし)はタクシーを降(お)ります. 나는 택시에서 내립니다.

私(わたし)はタクシーに　乗(の)ります.

나는 버스를 타고 있습니다. ↔ 私(わたし)はバスを降(お)りています. 나는 버스에서 내리고 있습니다.

私(わたし)はバスに　乗(の)っています.

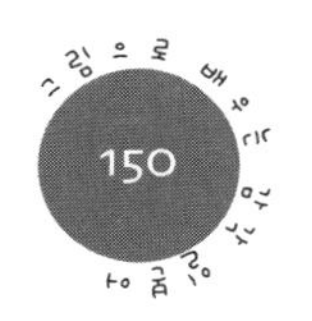

나는 여자친구를 집에 태워다줍니다.

私(わたし)は女(おんな)ともだちを 家(いえ)まで乗(の)せてあげます.

## 伸(の)ばす

나는 책 위에 있는 책을 집으려고 손을 뻗습니다.

私(わたし)は本(ほん)の上(うえ)にある本(ほん)を 持(も)つために手(て)を伸(の)ばします.

나는 침대 위에서 팔 다리를 뻗습니다.

私はベットの上から

手と足を伸ばします.

## 登る, よじ登る

나는 집 꼭대기에 올라갑니다.

私は屋根のてっぺんに

登ります.

그 차는 비탈을 올라갑니다. ↔ その車(くるま)は坂(さか)を下(くだ)ります. 그 차는 비탈을 내려갑니다.

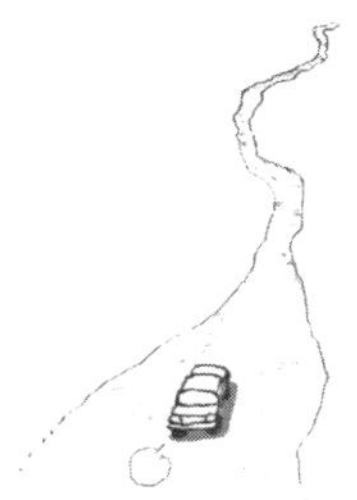

その車(くるま)は坂(さか)を　　登(のぼ)ります.

나는 담을 기어오릅니다.

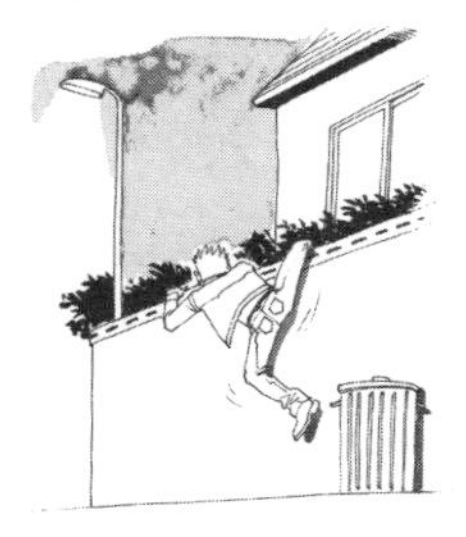

私(わたし)は壁(かべ)を　　よじ登(のぼ)ります.

# サクラ前線(ぜんせん)이란 무엇인가?

봄이 되면 뉴스에서 벚꽃이 피기 시작했다는 소식과 함께 일기예보를 전하면서 "올해의 サクラ前線(ぜんせん)은……"이라는 말을 자주 한다. 이 サクラ前線(ぜんせん)은 일반적으로 말하는 기상전선(氣象前線)과는 다른 것으로, 각 지역의 꽃 피는 시기를 보여주는 등기선이다. 일본의 벚꽃은 3월말 九州(きゅうしゅう)를 시작으로 四國(しこく) 남부에서부터 피기 시작하여 5월 중순에는 북쪽의 北海道(ほっかいどう)까지 벚꽃이 핀다. 이렇게 벚꽃이 피는 날을 기점으로 지역을 점선으로 연결한 선을 サクラ前線(ぜんせん) 또는 お花見前線(はなみぜんせん)이라고 한다. 전선은 10일마다 변경되는데, 높은 산일수록 꽃 피는 시기가 늦다. 일반적으로 100미터 올라갈 때마다 평지보다 하루 정도 늦게 핀다고 한다.

참고로, 나무의 단풍이 물드는 것을 알릴 때는 紅葉前線(もみじぜんせん)을 사용한다. 단풍은 벚꽃과는 반대로 북쪽에서 남쪽으로 이동하면서 물이 든다.

サクラ前線(ぜんせん)과 紅葉前線(もみじぜんせん)은 옛날부터 계절과 기후 변화를 알 수 있는 수단으로 활용되었다. 이외에도 식물의 발아, 낙엽, 철새의 도래 등 날씨를 알 수 있는 어떤 인자가 나타나는 같은 날을 표시하여 연결한 선을 生物前線(せいぶつぜんせん)이라고 하는데, 이것 또한 계절과 기후 변화를 관찰하는 중요한 수단으로 활용된다.

# 乾杯(かんぱい)라는 말은 언제부터 사용되었나?

술자리에서 다함께 건배를 하는 모습은 전혀 낯설지가 않다. 그렇다면 일본 사람들은 언제부터 건배하는 습관을 가지게 된 것일까?

1854년에 일영화친조약(日英和親條約) 후 영국은 통상계약을 체결하기 위해 특별 사절단을 일본에 보냈다. 일행은 일본 측과의 교섭을 위해 막부대신(幕府大臣) 6명을 초대했다. 회담이 끝나고 만찬자리에서 영국 대표가 일본 측 대신들에게, 영국에서는 원수(元首)의 건강을 위해 축복의 잔을 서로 부딪친 뒤 마시는 풍습이 있다면서 여기서도 그렇게 한 번 하자고 제안했다. 물론 일본에는 그런 풍습이 없었기 때문에 일본 대신들은 잠시 머뭇했다. 이때 일본 대표 가운데 매우 성실하고 근엄하기로 유명한 井上信濃守라는 사람이 갑자기 자리에서 일어나 큰 소리로 '乾杯(かんぱい)'라고 말한 뒤 다시 엄숙하게 자리에 앉았다. 이 우스운 광경에 참석자 모두가 일제히 웃음을 터뜨렸다고는 하지만, 엄숙한 의식을 중시하는 일본 측 대표들의 속은 어떠했을지 모르겠다. 어쨌든 이를 계기로 일본에도 술잔을 부딪히며 乾杯(かんぱい)라고 말하는 술자리 문화가 자리잡기 시작했다.

のぼ
# 昇る

해가 산 뒤에서 뜹니다.

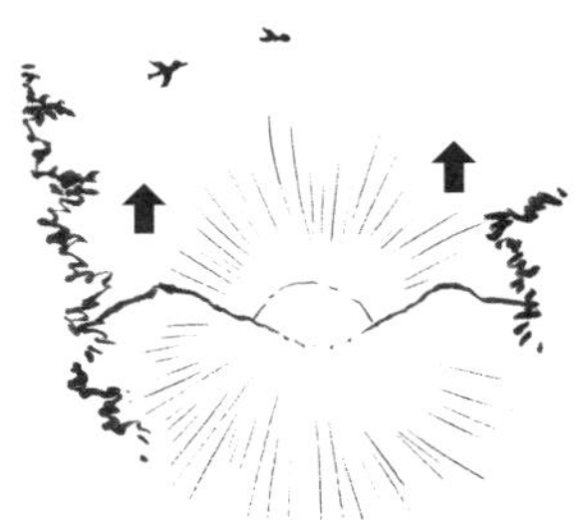

たいよう
太陽が

やま　うし　　のぼ
山の後ろから昇ります.

해는 동쪽에서 뜹니다.　→ 太陽(たいよう)は西(にし)に沈(しず)みます. 해는 서쪽으로 집니다.

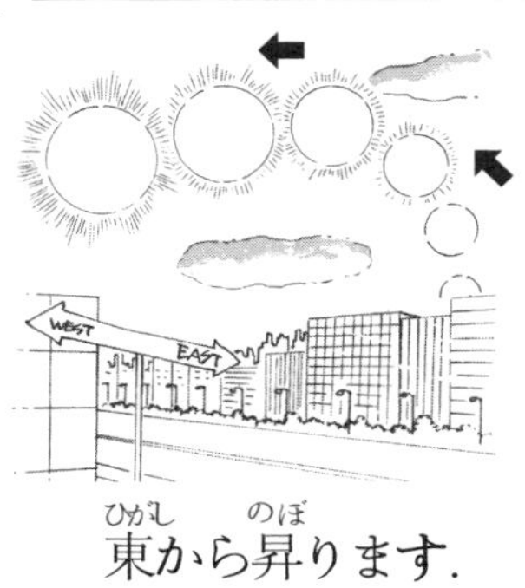


たいよう
太陽は

ひがし　のぼ
東から昇ります.

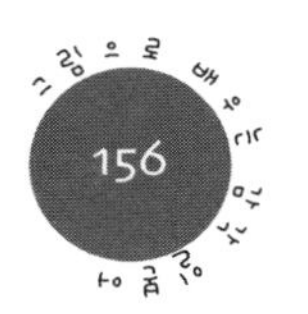

# 吐く(は)

나는 거리에 침을 뱉습니다. →私(わたし)は吐(は)き氣(ぎ)がする. 나는 토하고 싶다.

私(わたし)は道(みち)に

唾(つば)を吐(は)きます.

나는 그 개에게 침을 뱉습니다.

私(わたし)はその犬(いぬ)に

唾(つば)を吐(は)きます.

나는 담배 연기를 뿜어 고리를 만듭니다.

私(わたし)は煙草(たばこ)の煙(けむり)を

吐(は)いてリングを作(つく)ります.

# 入(はい)る, 入(い)れる

나는 방안으로 들어갑니다. →私(わたし)は大學校(だいがく)に入學(にゅうがく)します. 나는 대학교에 입학합니다.

私(わたし)は部屋(へや)に

入(はい)ります.

나는 눈에 약을 넣습니다.

私(わたし)は目(め)に　薬(くすり)を入(い)れます.

나는 편지를 우체통에 집어넣습니다.

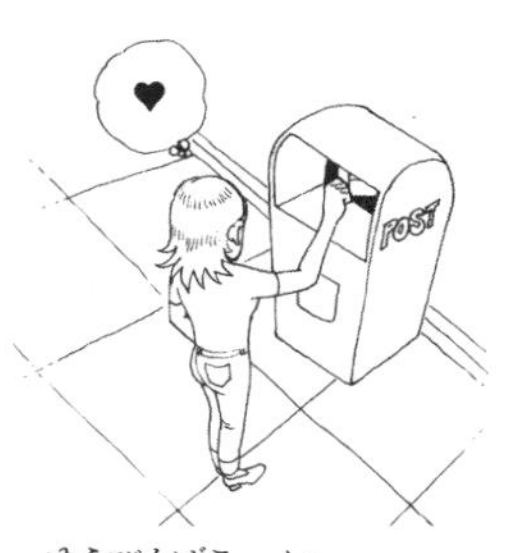


私(わたし)は手紙(てがみ)を　郵便箱(ゆうびんばこ)に入(い)れます.

나는 녹음기에 테이프를 넣습니다.

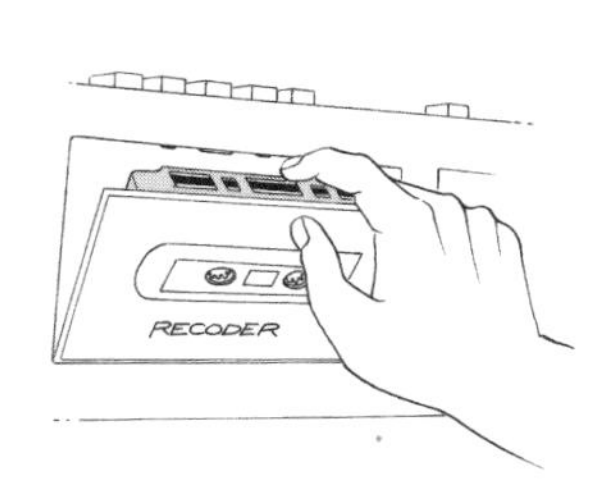


私(わたし)はカセットに　テープを入(い)れます.

나는 농구공에 바람을 넣습니다.

私(わたし)はバスケットボールに　空気(くうき)を入(い)れます.

두 단어 사이에 한 단어를 넣습니다.

2つの単語(ふたつのたんご)の間(あいだ)に　1つの単語(ひとつのたんご)を入(い)れます.

나는 자동판매기에 동전을 넣습니다.

私(わたし)は自動販賣機(じどうはんばいき)に　コインを入(い)れます.

그는 박스에 몇 권의 책을 넣습니다.

彼(かれ)はボックスに 何冊(なんさつ)かの本(ほん)を入(い)れます.

나는 자루에 모래를 넣습니다.

私(わたし)は袋(ふくろ)に 砂(すな)を入(い)れます.

나는 차를 차고에 넣습니다.

私(わたし)は車を 車庫(しゃこ)に入(い)れます.

はし
# 走る

나는 전속력으로 달립니다.

わたし ぜんそくりょく
私は全速力で

はし
走ります.

이 기차는 서울과 대구 사이를 달립니다.

きしゃ
この汽車は

テグ あいだ はし
ソウルと大邱の間を走ります.

나는 학교까지 쭉 뛰어갑니다.

私(わたし)は學校(がっこう)まで

ずっと走(はし)って行(い)きます.

나는 간호사를 데리러 뛰어갑니다.

私(わたし)は看護婦(かんごふ)を呼(よ)びに

走(はし)って行(い)きます.

나는 전화를 받기 위해서 황급히 뛰어갑니다.

私(わたし)は電話(でんわ)を受(う)けとるために

急(いそ)いで走(はし)って行(い)きます.

나는 문을 열어주기 위해서 황급히 뛰어갑니다.

わたし もん あ
私は門を開けてあげるために

いそ はし い
急いで走って行きます. .

はな
# 離る

그 집은 두 블록 떨어져 있습니다.

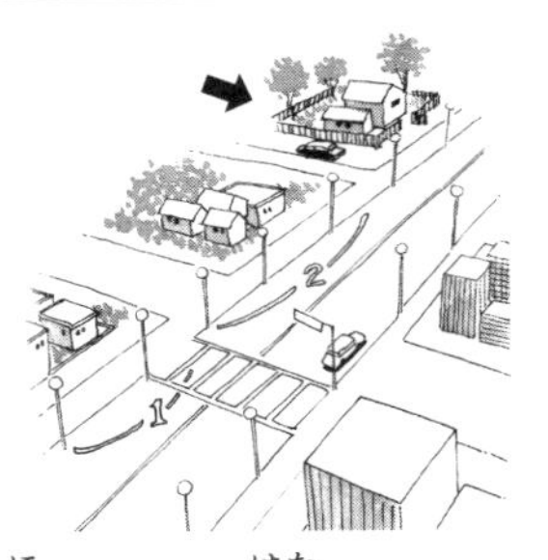


いえ
その家は

に はな
2ブロック離れています.

내 집은 다른 집들과 떨어져 있습니다.

わたし　いえ
私の家は

ほか　いえ　はな
他の家と離れています.

は
## 嵌める

나는 장갑을 낍니다.

わたし　てぶくろ
私は手袋を

は
嵌めます.

나는 반지를 끼고 있습니다.

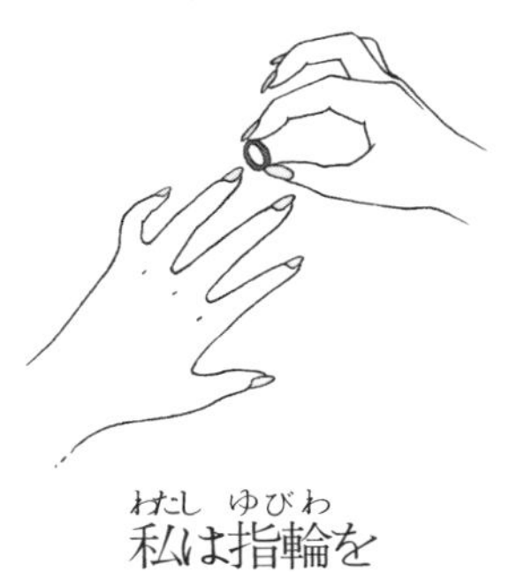

わたし　ゆびわ
私は指輪を

は
嵌めています.

# 張り上げる
(は　あ)

나는 플래카드를 답니다.

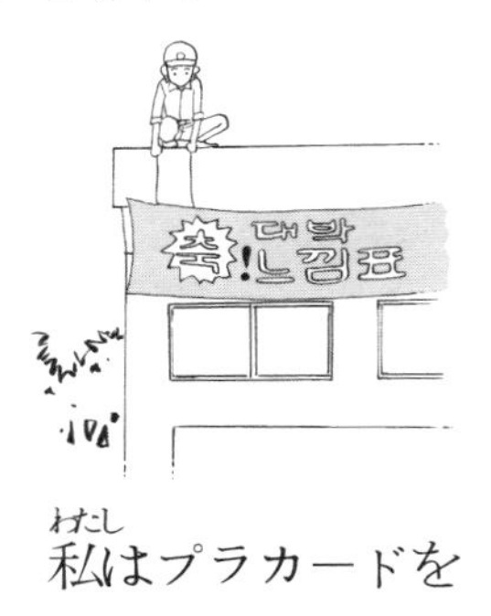

わたし
私はプラカードを

は
張ります.

나는 목소리를 높입니다. ↔ 私は聲を張り下げます. 나는 목소리를 낮춥니다.

私は聲を

張り上げます.

## 晴れてくる, 晴れ上がる

안개가 갭니다.

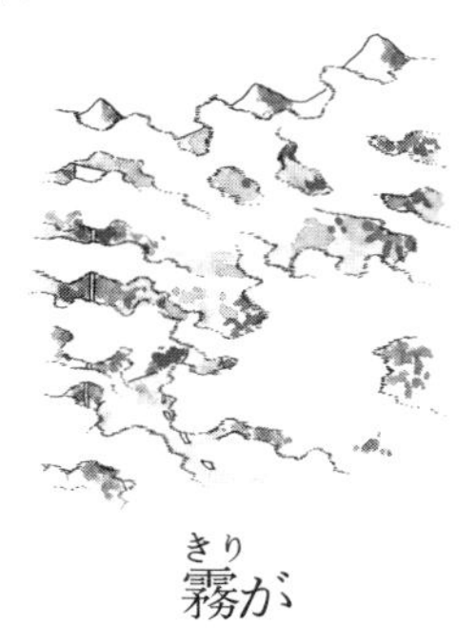

霧が

晴れてきます.

하늘이 갭니다.

空(そら)が

晴(は)れ上(あ)がります.

## 貼(は)る

나는 벽에 벽지를 바릅니다.

私(わたし)は壁(かべ)に

壁紙(かべがみ)を貼(は)ります.

나는 우표를 봉투에 붙입니다.

私(わたし)は切手(きって)を 封筒(ふうとう)に貼(は)ります.

## 引(ひ)く

나는 밧줄을 당깁니다.

私(わたし)はロープを 引(ひ)きます.

나는 총의 방아쇠를 당깁니다.

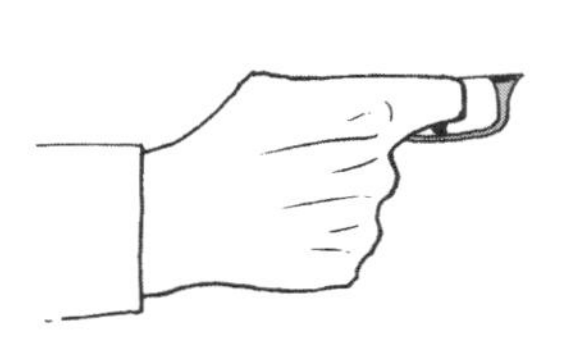

私(わたし)は銃(じゅう)の 引金(ひきがね)を引(ひ)きます.

나는 코감기에 걸렸습니다. →私(わたし)は風邪(かせ)で鼻(はな)をすすっています. 나는 감기로 코를 훌쩍이고 있습니다.

私(わたし)は鼻風邪(はなかぜ)に 引(ひ)きました.

나는 작은 나무를 정원에서 끌어냅니다.

私(わたし)は小(ちい)さい木(き)を 庭(にわ)から引(ひ)き出(だ)します.

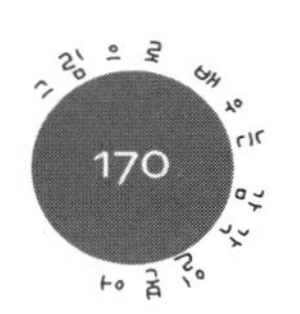

나는 책상을 끌고 갑니다.

<ruby>私<rt>わたし</rt></ruby>は<ruby>机<rt>つくえ</rt></ruby>を

<ruby>引<rt>ひ</rt></ruby>き<ruby>摺<rt>ず</rt></ruby>ります.

나는 의자를 책상 쪽으로 끌어당깁니다.

<ruby>私<rt>わたし</rt></ruby>は<ruby>椅子<rt>いす</rt></ruby>を

<ruby>机<rt>つくえ</rt></ruby>の<ruby>方<rt>ほう</rt></ruby>へ<ruby>引<rt>ひ</rt></ruby>き<ruby>寄<rt>よ</rt></ruby>せます.

나는 그 사람을 옆으로 끌어당기고 있습니다.

<ruby>私<rt>わたし</rt></ruby>はその<ruby>人<rt>ひと</rt></ruby>を

<ruby>横<rt>よこ</rt></ruby>に<ruby>引<rt>ひ</rt></ruby>き<ruby>寄<rt>よ</rt></ruby>せていきます.

나는 그 사람을 방으로 잡아끕니다.

私(わたし)はその人(ひと)を 部屋(へや)の引に引(ひ)き込(こ)みます.

나는 아들을 침대에서 끌어냅니다.

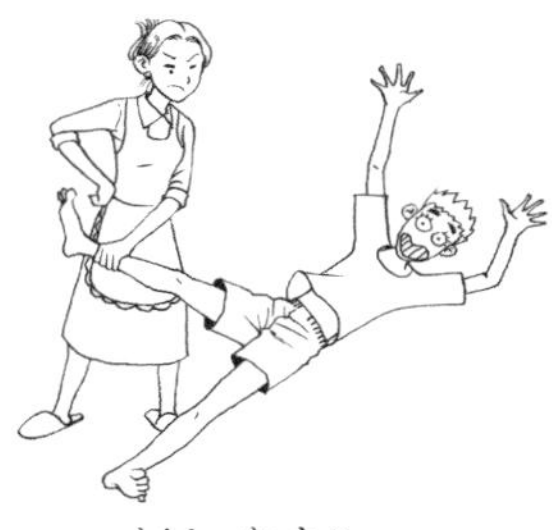

私(わたし)は息子(むすこ)を ベッドから引(ひ)き抜(ぬ)きます.

나는 머리카락 하나를 뽑습니다.

私(わたし)は髪(かみ)の毛(け)をひとつ 引(ひ)き抜(ぬ)きます.

나는 손가락에 박힌 가시를 뽑습니다.

わたし ゆび はい
私は指に入った

とげ ひ ぬ
刺を引き抜きます.

나는 몸을 일으켜서 일어납니다.

わたし からだ
私は體を

ひ お お
引き起こして起きます.

나는 빨래를 거두어들입니다.

わたし せんたくもの
私は洗濯物を

ひ う
引き受けます.

나는 지하실에서 식탁을 잡아끌어냅니다.

わたし ふる しょくたく
私は古い食卓を

ちかしつ ひ ぱ だ
地下室で引っ張り出します.

나는 수레를 끌어당깁니다.

わたし
私はカートを

ひ ぱ
引っ張ります.

나는 동생의 귀를 잡아당깁니다.

わたし おとうと みみ
私は弟の耳を

ひ ぱ
引っ張ります.

나는 블라인드를 내립니다.

私(わたし)はブラインドを　引(ひ)き下(さ)げます.

## 廣(ひろ)げる

나는 신문을 펼칩니다. ↔ 私(わたし)は新聞(しんぶん)を閉(と)じます. 나는 신문을 덮습니다.

私(わたし)は新聞(しんぶん)を　廣(ひろ)げます.

나는 우산을 펼칩니다. ↔ **私は傘を畳みます.** 나는 우산을 접습니다.

私は傘を　廣げます.

나는 책 78페이지를 펼칩니다.

私は本の　ななじゅうはちページを廣げます.

나는 담요를 침대 위에 폅니다.

私は毛布を　ベットに廣げます.

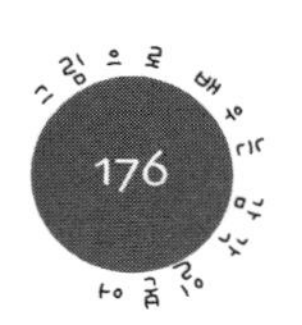

나는 두 팔을 쭉 폅니다. → 私は両足を廣げます. 나는 두 발을 쭉 폅니다.

私は両手を

廣げます.

새가 날개를 폅니다.

鳥が翼を

廣げます.

그 불은 거리를 따라서 번집니다.

その火は

通りに沿って廣まります.

# 일본에서 벚꽃놀이를 하게 된 동기는?

봄이 되면 많은 사람들이 벚꽃 축제를 구경하기 위해 벚꽃으로 유명한 지역을 찾는다. 벚꽃은 알다시피 일본을 상징하는 꽃으로, 비록 빠르긴 하지만 깨끗하고 깔끔하게 지기 때문에 무사의 이상적인 삶에 빗대어서 많이 인용되는 나무 꽃이다.

일본에서 벚꽃을 보는 풍습은 아주 오래 전인 平安(へいあん)시대까지 거슬러 올라간다. 꽃을 보고 즐기는 풍습의 시작은 중국의 시문(詩文)에서 시작되는데, 일본에서는 平安(へいあん)시대의 귀족들이 시를 짓고 낭독하기 위한 관상(觀賞) 대상으로 벚꽃을 뽑은 것이 꽃구경의 시작이 되었다.

참고로, 벚꽃구경이 시작되기 전에는 중국 당나라의 영향으로 매화를 관상하는 것이 귀족들 사이의 풍습이었다고 한다. 『萬葉集』을 보면 매화를 보고 만든 시가 벚꽃을 보고 만든 시보다 3배 정도가 많다. 그런데 『古今和歌集』을 보면 『萬葉集』과는 달리 벚꽃을 보고 만든 시가 매화를 보고 만든 시의 배 이상이 된다. 이것으로 平安(へいあん)시대의 귀족들이 좋아하는 꽃에 변화가 생기면서 꽃구경이라는 풍습이 생겼다는 사실을 알 수 있다.

벚꽃은 중세의 산악신앙과 연결되면서 빠른 속도로 전국으로 확산되었고, 江戸시대에는 무사들의 심벌이 되었다. 平安시대의 서민들은 벚꽃을 단순히 시를 짓는 소재가 아닌, 보다 실용적인 수단으로 받아들였다. 즉, 벚꽃이 피는 모습을 보고 그 해의 농사가 풍작인가 흉작인가를 점쳤는데, 이것이 지금까지 내려오는 서민적인 꽃구경의 시발점이 되었다. 그리고 본격적으로 일반시민이 꽃구경을 여가의 하나로 받아들이게 된 것은 江戸시대부터였다.

# ふ<br>吹く

나는 풍선을 붑니다.

わたし ふうせん<br>私は風船を

ふ<br>吹きます.

바람이 세게 붑니다. →かぜ しず<br>風が静まりました. 바람이 잠잠해졌습니다.

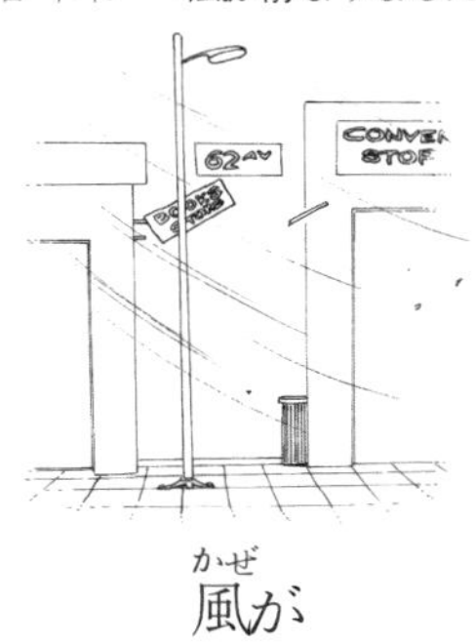

かぜ<br>風が

つよ ふ<br>強く吹きます.

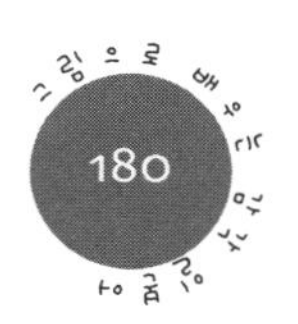

나는 천에 물을 뿌립니다.

私(わたし)は布(ぬの)に

水(みず)を吹(ふ)きます.

나는 따뜻하게 하기 위해 입김을 손에 붑니다.

私(わたし)は暖(あたた)めるために

息(いき)を手(て)に吹(ふ)きます.

나는 비눗방울을 불고 있습니다.

私(わたし)はシャボン玉(だま)を

吹(ふ)いています.

나는 팬파이프를 기타에 맞춰 불었습니다.

私(わたし)はフェパイプを ギターに合(あ)わせて吹(ふ)きました.

나는 촛불을 불어서 끕니다.

私(わたし)はろうそくを 吹(ふ)いて消(け)します.

# 拭(ふ)く, 拭(ふ)き取(と)る

나는 천으로 탁자를 닦습니다.

私(わたし)は雑巾(ぞうきん)で　テーブルを拭(ふ)きます.

나는 손으로 눈물을 닦습니다.

私(わたし)は手(て)で　涙(なみだ)を拭(ふ)きます.

나는 수건으로 손을 닦습니다.

わたし
私はタオルで

て　　ふ
手を拭きます.

나는 얼굴의 물기를 종이 타월로 닦습니다.

わたし かお みずけ
私は顔の水氣を

かみ　　　　ふ
紙タオルで拭きます.

나는 마루 위에 엎질러진 물을 닦아냅니다.

わたし ゆか うえ あふ みず
私は床の上の溢れた水を

ふ　と
拭き取ります.

# 塞(ふさ)ぐ

나는 입구를 막습니다. →私(わたし)はハンカチで口(くち)を防(ふせ)ぎました. 나는 손수건으로 입을 막았습니다.

私(わたし)は 入口(いりぐち)を塞(ふさ)ぎます.

나는 그의 길을 막았습니다.

私(わたし)は 彼(かれ)の道(みち)を塞(ふさ)ぎました.

그 철도는 거대한 돌에 의해 막혔습니다.

その鐵道(てつどう)は 巨大(きょだい)な石(いし)によって塞(ふさ)がれました.

## 臥(ふ)す

나는 그녀를 침대에 눕혔습니다.

私(わたし)は彼女(かのじょ)を ベットの上(うえ)に臥(ふ)しました.

나는 텔레비전을 보면서 소파에 누워 있습니다.

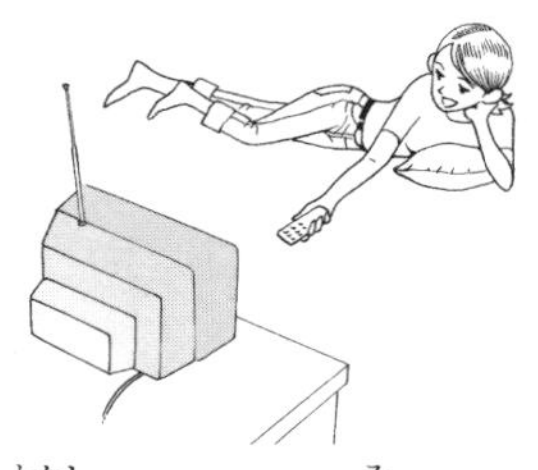

私はテレビを見ながら

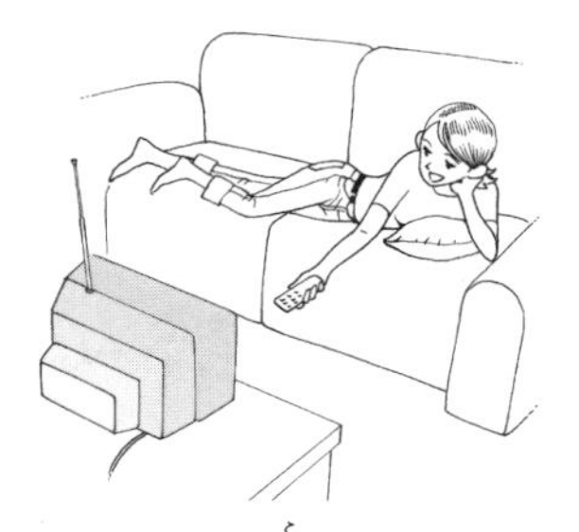

ソファーに臥しています.

나는 잔디에 누워서 책을 읽고 있습니다.

私は芝生に臥して

本を讀んでいます.

# 踏(ふ)む, 踏(ふ)みつける, 踏(ふ)み鳴(な)らす

나는 개미를 밟아 죽입니다.

私(わたし)は蟻(あり)を

踏(ふ)みつけます.

나는 담뱃불을 밟아 껐습니다.

私(わたし)は煙草(たばこ)を

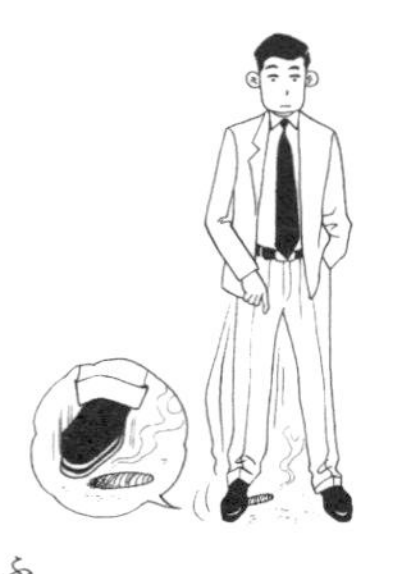

踏(ふ)みけしました.

나는 누군가의 발을 밟았습니다.

わたし　だれ
私は誰かの

あし　ふ
足を踏みました.

## ふる
## 震える

나는 공포로 몸을 덜덜 떱니다.

わたし　きょうふ
私は恐怖で

からだ　ふる
體が震えます.

나는 그녀를 보면 목소리가 떨립니다.

私(わたし)は彼女(かのじょ)を見(み)ると

聲(こえ)が震(ふる)えます.

화가 나서 입술이 떨고 있습니다.

怒(おこ)られて

唇(くちびる)が震(ふる)えています.

나는 추위로 떨고 있습니다.

私(わたし)は寒(さむ)さで

震(ふる)えています.

# 振(ふ)れる

나는 그녀에게 손을 흔듭니다.

私(わたし)は彼女(かのじょ)に

手(て)を振(ふ)ります.

나는 그녀에게 바람을 맞았습니다.

私(わたし)は

彼女(かのじょ)に振(ふ)られた.

나는 개에게 작대기를 휘두릅니다.

私(わたし)は犬(いぬ)に　棒(ぼう)を振(ふ)り回(まわ)します.

나는 지팡이를 빙빙 돌립니다.

私(わたし)は杖(つえ)を　振(ふ)り回(まわ)します.

나는 야채에 소금을 뿌립니다.

私(わたし)は野菜(やさい)に　鹽(しお)を振(ふ)り掛(か)けます.

나는 길에 물을 뿌립니다.

私(わたし)は道(みち)に　水(みず)を振(ふ)り掛(か)けます.

## ぶつかる

나는 자동차를 후진해서 나오는 도중에 나무에 박았습니다.

私(わたし)は車(くるま)を後進(こうしん)して出(で)る途中(とちゅう)　木(き)にぶつけました.

나는 머리를 문에 부딪혔습니다.

私(わたし)は頭(あたま)を

門(もん)にぶつけました.

## ほじくる

나는 코를 후빕니다.

私(わたし)は鼻(はな)を

ほじくります.

나는 이를 쑤십니다.

私(わたし)は歯(は)を

ほじくります.

## 干(ほ)す, 乾(かわ)かす

나는 젖은 옷을 빨랫줄에 걸어 말립니다.

私(わたし)は濡(ぬ)れた服(ふく)を

干(ほ)しもの臺(だい)に干(ほ)します.

나는 세탁물을 햇볕에 말리고 있습니다.

わたし せんたくもの　たいよう ほ
私は洗濯物を太陽に干しています.

나는 젖은 옷을 불에 말리고 있습니다.

わたし ぬ ふく　ひ かわ
私は濡れた服を火に乾かしています.

まえ
# 前

그는 5미터 앞에 있습니다.

かれ　ご
彼は5メートル

まえ
前にいます.

나는 호텔 앞에 예정시간보다 20분 일찍 도착했습니다.

わたし　　　　　まえ　よていじかん
私はホテルの前に豫定時間より

にじゅっぷんまえ　とうちゃく
２０ 分前に倒着しました.

# 선물이나 답례품에 水引라는 그림이나 띠가 있는 이유는?

일본의 설날, 추석, 결혼식, 장례식 같은 대소사를 보면 인생은 水引에서 시작해서 水引로 끝난다고 해도 과언이 아니다. 인생의 통과 의례 때마다 꼭 水引가 적혀 있는 답례품이나 축의금 봉투를 받게 되기 때문이다.

그렇다면 이 홍백(紅白)과 흑백(黑白)의 水引는 어떤 의미를 지니는 것일까?

室町시대(1338~1573년) 때 중국에서 오는 모든 수입품 상자는 빨간색과 흰색의 끈으로 동여매 있었다고 한다. 이 빨간색과 흰색 끈은 중국 사람들이 자신의 수출품을 표시하는 하나의 수단에 불과했다. 그런데 어떤 이유에서인지 일본 사람들은 이 표시가 있는 물건을 매우 의미 있고 경사로운 것으로 받아들였다.

이 빨간색과 흰색의 끈이 증정품이나 답례품에 습관적으로 쓰이게 된 것은 일본의 고대로부터 내려오는 매듭 신앙과 관계가 있다. 물건에 매듭을 지면 혼(魂)이 그 매듭에 머물게 되어, 보내는 사람의 혼이 받는 사람에게 선물과 축하의 마음을 운반한다는 믿음을 가지게 된 것이다.

장례식 때 쓰이는 흑백(黑白)의 水引는 축하용이었던 홍백(紅白)의

水引(みずひき)에서 유래한 것으로 보인다.

水引(みずひき)를 매고 그 오른쪽 위에 'のし'라는 말을 써넣는데, 이것은 선물 가운데 최고였던 전복을 얇게 썰어 말린 'のしあわび'에서 온 것으로, 지금은 말과 의미가 변화하여 쓰이고 있다.

# 蒔(ま)く, 撒(ま)く

나는 밭에 씨를 뿌립니다.

私(わたし)は畑(はたけ)に　種(たね)を蒔(ま)きます.

나는 빙판길에 모래를 뿌립니다.

私(わたし)は凍(こお)り付(つ)いた道(みち)ばたに　砂(すな)を撒(ま)きます.

# 曲(ま)げる

나는 철사를 위로 구부립니다.

私(わたし)は針金(りがね)を　上(うえ)に曲(ま)げます.

나는 허리를 구부립니다.

私(わたし)は腰(こし)を　曲(ま)げます.

그 도로는 강을 따라서 구불구불하게 나 있습니다.

その道路(どうろ)は　川(かわ)にそって曲(ま)がりくねっています.

## 回(まわ)す

나사를 오른쪽으로 돌립니다.

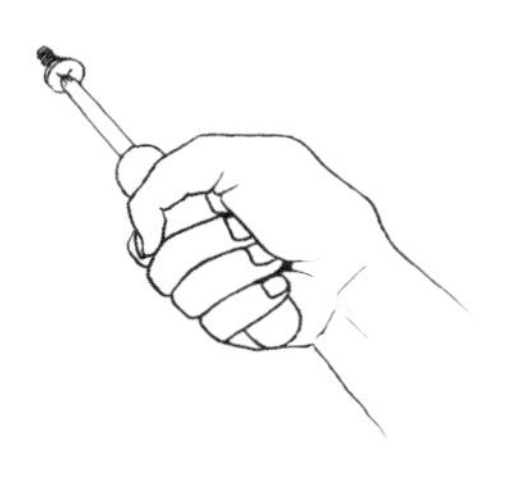

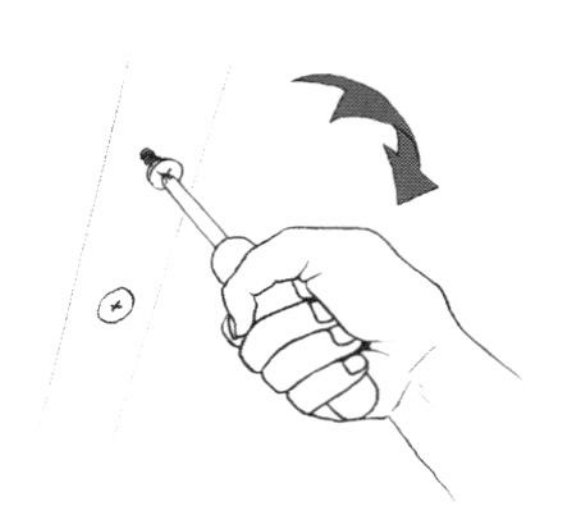

ねじを　右(みぎ)に回(まわ)します.

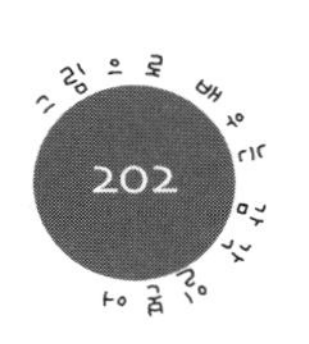

나는 차를 왼쪽으로 돌립니다.

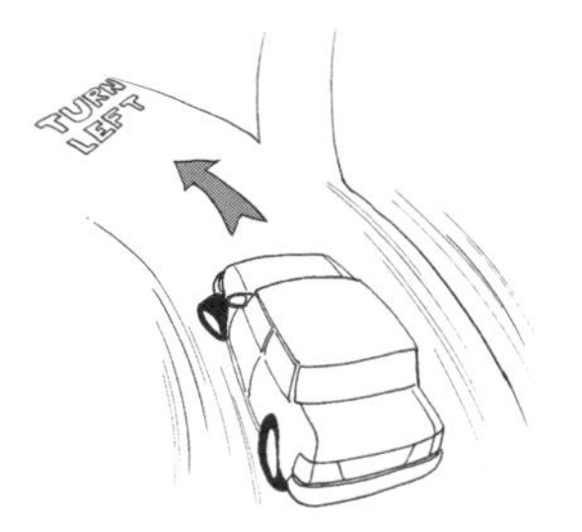


私(わたし)は車(くるま)を　左(ひだり)に回(まわ)します.

나는 머리를 돌립니다.

私(わたし)は頭(あたま)を　回(まわ)します.

나는 안경다리를 빙빙 돌립니다.

私(わたし)は眼鏡(めがね)のあしを　くるくる回(まわ)します.

나는 문의 손잡이를 오른쪽으로 돌리고 있습니다.

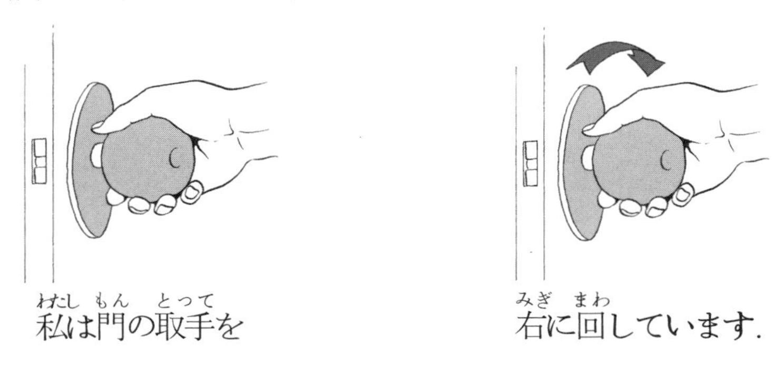

私(わたし)は門(もん)の取手(とって)を　右(みぎ)に回(まわ)しています.

나뭇잎이 빙빙 돌고 있습니다.

木(き)の葉(は)っぱが　くるくる回(まわ)っています.

# 磨く（みがく）

나는 칫솔로 이를 닦습니다.

私は歯ブラシで（わたし は は）

歯を磨きます.（は みが）

나는 칼을 숫돌로 갑니다.

私は刃物を（わたし はもの）

砥石で磨きます.（といし みが）

# 見る

나는 그녀의 얼굴을 똑바로 봅니다.

私は彼女の顔を　じっと見ます.

나는 옷매무새를 거울 앞에서 확인합니다.

私は服の身なりを　鏡の前で見なおします.

나는 군중 속에서 내 친구를 찾아냅니다.

私(わたし)は群衆(ぐんしゅう)の中(なか)から

私(わたし)の友達(ともだち)を見(み)つけます.

## 剥(む)く

나는 밤 껍질을 칼로 깎습니다.

私(わたし)は栗(くり)の皮(かわ)を

ナイフで剥(む)きます.

나는 바나나의 껍질을 벗기고 있습니다.

わたし　　　　　かわ　　　む
私はバナナの皮を剝いています.

# む　　む
# 向く, 向ける

우향우

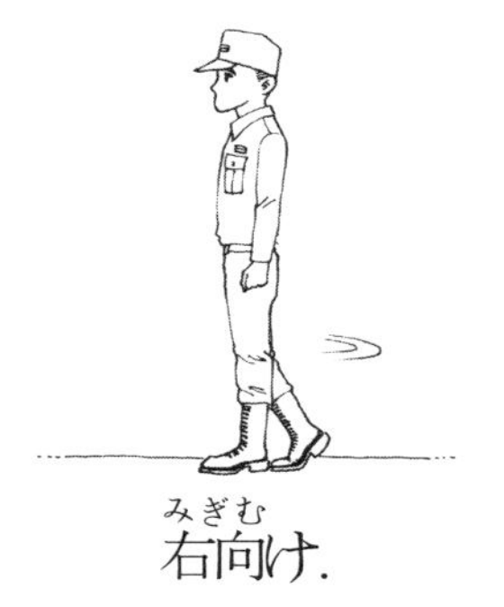

みぎむ
右向け.

좌향좌

ひだりむ
左向け.

우리 집은 공원을 보고 있습니다.

わたし　　　いえ
私たちの家は

こうえん　ほう　　む
公園の方を向いています.

해바라기는 태양을 향하고 있습니다.

ひまわりは

たいよう　ほう　　む
太陽の方を向いています.

나는 그녀에게 등을 돌립니다.

わたし　かのじょ
私は彼女に

せなか　　む
背中を向けます.

# 持(も)つ

나는 손에 펜을 쥡니다.

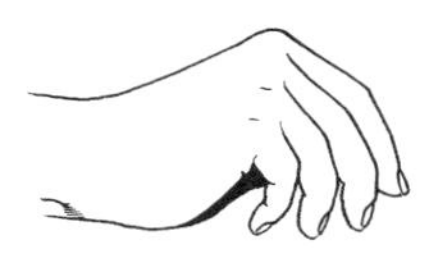

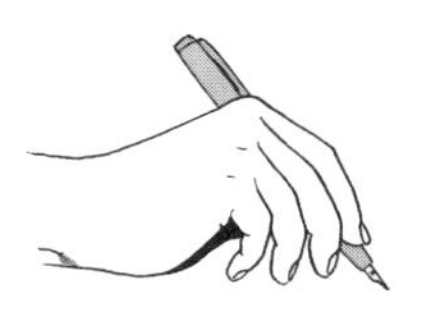

私(わたし)は手(て)に　ペンを持(も)ちます.

나는 이가 빠진 칼을 가지고 있습니다.

私(わたし)は歯(は)が抜(ぬ)けた　包丁(ほうちょう)を持(も)っています.

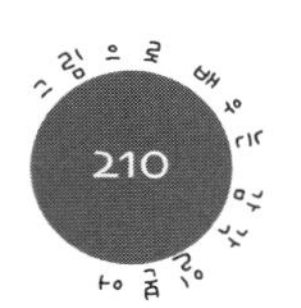

나는 손에 신문을 들고 산책을 합니다.

私(わたし)は手(て)に新聞(しんぶん)を　持(も)って散歩(さんぽ)します.

나는 커피 한 잔을 그녀에게 가져다줍니다.

私(わたし)はコーヒー一杯(いっぱい)を　彼女(かのじょ)に持(も)ってあげます.

나는 개를 두 손으로 안아올립니다.

私(わたし)は犬(いぬ)を両手(りょうて)で　持(も)ち上(あ)げます.

나는 한 손으로 돌을 들었습니다.

わたし　ひとて　いし
私は一手で石を

も　あ
持ち上げました.

나는 아름다운 그녀에게 모자를 들어서 인사했습니다.

わたし　うつく　かのじょ　ぼうし
私は美しい彼女に帽子を

も　あ
持ち上げながらあいさつをしました.

나는 머리를 들어올립니다.

わたし　あたま
私は頭を

も　あ
持ち上げます.

나는 탁자에서 책을 들어올립니다.

私(わたし)はテーブルから

本(ほん)を持(も)ち上(あ)げます.

나는 천막 자락을 올리고 안을 들여다봅니다.

私(わたし)はテントのすそを持(も)ち上(あ)げて

なかをのぞいてみます.

나는 맨 위 선반에서 책을 들어내립니다.

私(わたし)は一番上(いちばんうえ)の棚(だな)から

本(ほん)を持(も)ち出(だ)します.

그는 내 가방에서 지갑을 텁니다.

かれ　わたし　　　　　　　　さいふ　も　だ
彼は私のかばんから　財布を持ち出します.

그 사람은 지팡이를 손에 쥐고 서 있습니다.

ひと　つえ　　　　て　も　た
その人は杖を　手に持ち立っています.

나는 책을 여기저기 가지고 다닙니다.

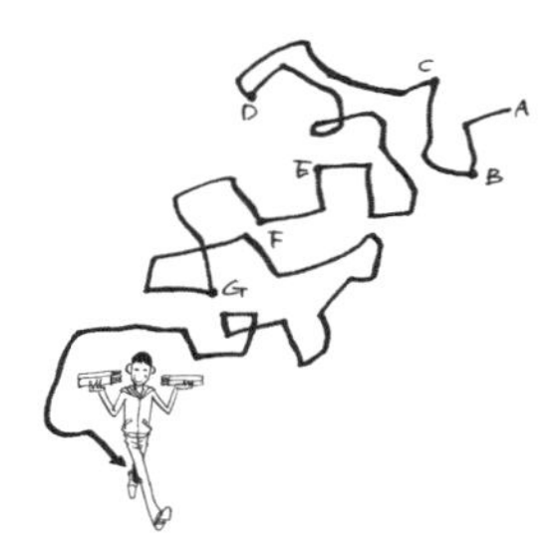


わたし ほん　　　　　　　も　　ある
私は本を　あちこちへ持って歩きます.

# 搖れる

(ゆ)

나무가 바람에 흔들립니다.

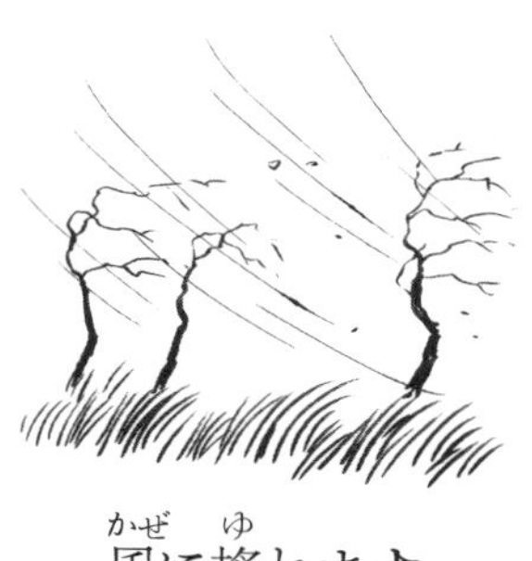

木が風に搖れます.

(き / かぜ ゆ)

나는 나무를 흔들어 밤을 떨어뜨렸습니다.

私は木を搖すぶって栗を落としました.

(わたし き ゆ / くり お)

나는 그를 흔들어 잠에서 깨우고 있습니다.

私(わたし)は彼(かれ)を揺(ゆ)すぶって　眠(ね)き氣(むけ)から覺(さま)しています.

# 横(よこ)になる, 横向(よこむ)く

나는 그녀의 무릎을 벱니다.

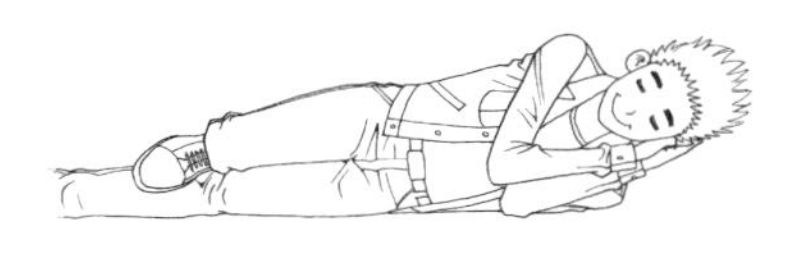

私(わたし)は　彼女(かのじょ)の膝(ひざ)に横(よこ)になります.

나는 옆으로 누웠습니다. → 私(わたし)はうつぶしています. 나는 엎드려 있습니다. 私(わたし)は仰向(あおむ)きました. 나는 바로 누웠습니다.

私(わたし)は 横向(よこむ)きました.

## 巻(ま)く

나는 실을 감고 있습니다.

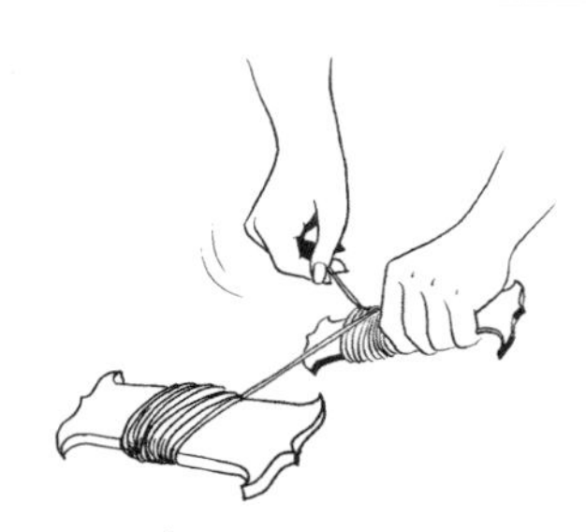

私(わたし)は毛糸(けいと)を 巻(ま)いています.

나는 시계 태엽을 감았습니다.

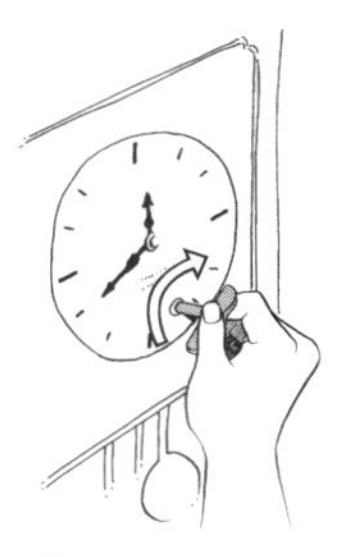

わたし　とけい　　　　　　　　　ま
私は時計のぜんまいを　巻きました.

# 기타 등등

나는 파리에게 살충제를 뿌립니다.

わたし　はえ　　さっちゅうざい
私は蠅に　殺蟲劑をかけます.

뭔가 수상한 느낌이 듭니다.

何(なに)か

怪(あや)しい氣(き)がします.

나는 저녁식사에 쓸 달걀을 깹니다.

私(わたし)は夕食(ゆうしょく)に使(つか)う

卵(たまご)を割(わ)ります.

나는 가슴을 폅니다.

私(わたし)は胸(むね)を

突(つ)き出(だ)します.

나는 길 위에 있는 벽돌에 걸려 넘어집니다.

わたし みち うえ れんが
私は道の上にある煉瓦に

つ か ころ
突っ掛かって轉びます.

나는 기지개를 켜며 하품을 했습니다.

わたし の
私は伸びをしながら

あくび
缺伸をしました.

나는 책장의 먼지를 텁니다.

わたし ほんだな ほこり
私は本棚の誇を

はら
拂います.

나는 구겨진 종이를 폈습니다.

私はもみくしゃに なった紙を 平にしました.

나는 유리창에 볼을 밀어붙입니다.

私はガラス窓に 頬っぺたをべたとつけます.

나는 땅에 납작 엎드립니다.

私は地面に べったり平になります.

머리가 찌끈찌끈 아픕니다.

あたま
頭が　　　ねちねちします.

기분이 붕 뜹니다.

きぶん
氣分が　　　ぼんやりとします.

틈이 벌어집니다.

すきま
隙間が　　　ひらきます.

글씨를 삐틀삐틀하게 씁니다.

字(じ)を

ジクザグに書(か)きます.

나는 책상을 잘 정돈합니다.

私(わたし)は本棚(ほんだな)を

よく整理(せいり)します.

나는 불을 난로에 피웁니다.

私(わたし)は火(ひ)を

ストーブにつけます.

나는 여동생을 위해 사과를 몇 개 땁니다.

私(わたし)は妹(いもうと)のためにりんごを いくつか摘(をつ)みます.

나는 수업을 땡땡이 치고 있어.

私(わたし)は授業(じゅぎょう)を さぼっている.

나는 그 사람의 턱에 한방 먹입니다.

私(わたし)はその人(ひと)の顎(あご)に パンチをくらわせます.

나는 방귀를 뀝니다.

私(わたし)はへを　ひります.

나는 등뼈가 부러졌습니다.

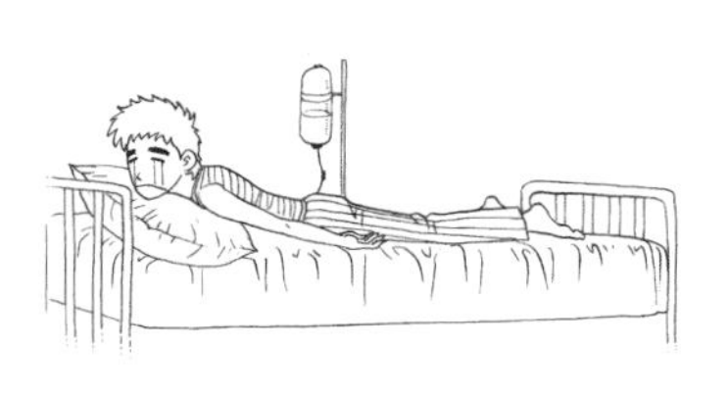

私(わたし)は背骨(せぼね)が　折(お)れました.

나는 그 사람을 뒤에서 잡습니다.

私(わたし)はその人(ひと)を　後(うし)ろからつかみます.

나는 이불을 흔들어텁니다.

私(わたし)は布團(ふとん)を　打(う)ち振(ふ)ります.

구름이 산꼭대기를 덮고 있습니다.

雲(くも)が山頂(さんちょう)を　覆(おお)っています.

나는 의자를 나무 주위에 놓습니다.

私(わたし)は椅子(いす)を　木(き)の廻(まわ)りに置(お)きます.

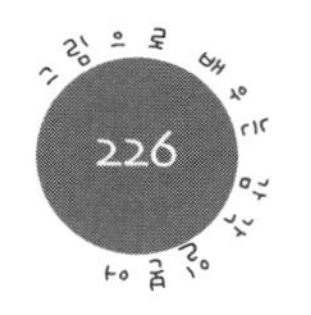

폭탄이 건물 안에서 터집니다.

爆弾(ばくだん)が

建物(たてもの)の中(なか)で爆発(ばくはつ)します.

상자가 터져서 산산조각이 납니다.

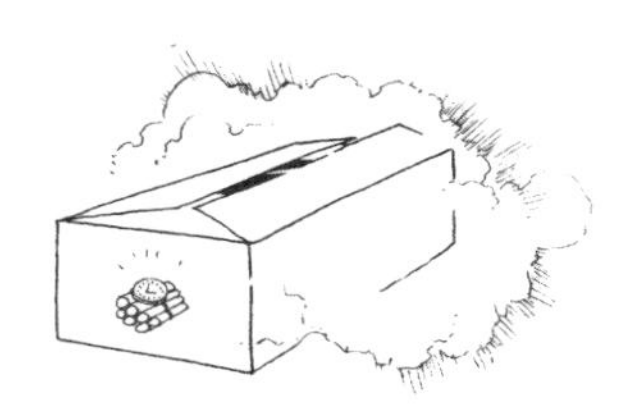

箱(はこ)が破裂(はれつ)して

ちりぢりばらばらになります.

나는 이 종이를 잘게 자릅니다.

私(わたし)はこの紙(かみ)を

駒切(こまぎ)れにします.

나는 양배추를 잘게 썹니다.

わたし
私はキャベツを

こま　　きざ
細かく刻みます.

나는 식탁을 깨끗이 닦아냅니다.

わたし しょくたく
私は食卓を

きれい　ふ
奇麗に拭きます.

이 도로는 두 도시를 연결합니다.

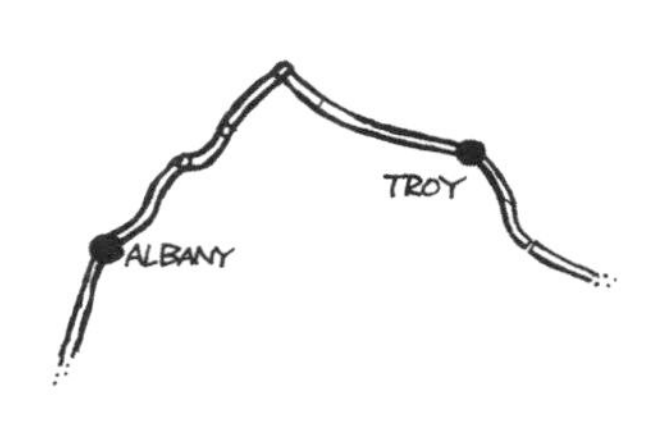


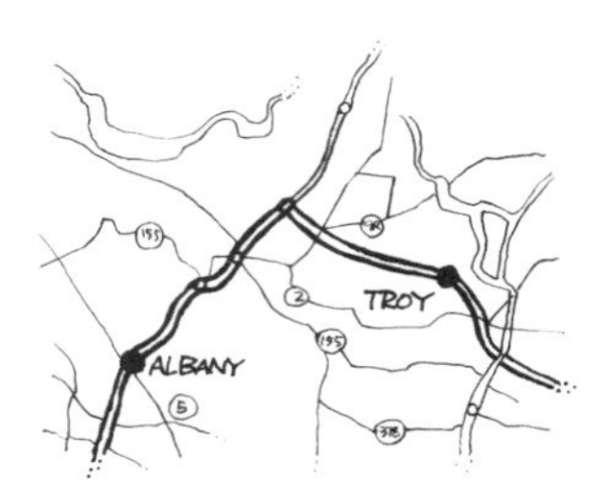


どうろ
この道路は

ふた　　とし　れんけつ
2つの都市を連結します.

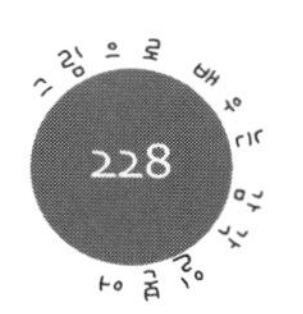

나는 식탁보를 식탁에 씌웁니다.

私(わたし)は食卓(しょくたく)カバーを　食卓(しょくたく)に被(かぶ)せます.

나는 벨을 문에 달고 있습니다.

私(わたし)はベルを　門(もん)に固定(こてい)します.

나는 총에 총알을 장전합니다.

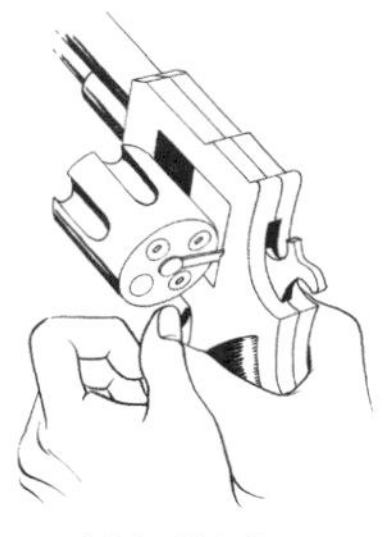

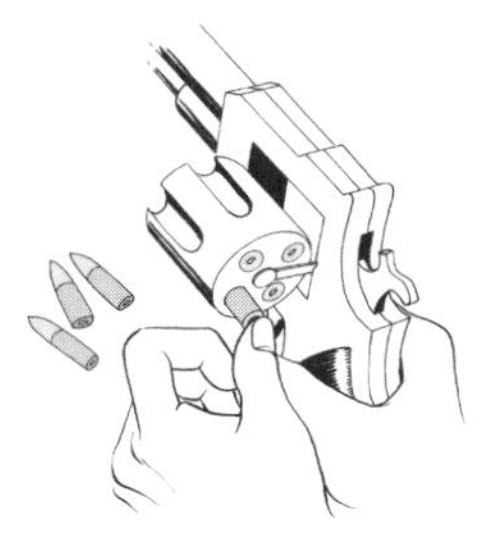

私(わたし)は銃(じゅう)に　玉(たま)を装填(そうてん)します.

나는 모자를 푹 눌러씁니다.

私(わたし)は帽子(ぼうし)を

深(ふか)くかぶります.

나는 꽃을 꽃병에 꽂았습니다.

私(わたし)は花(はな)を

花瓶(かびん)に挿(さ)しました.

나는 손을 이마에 댑니다.

私(わたし)は手(て)を

額(ひたい)に當(あ)てます.

나는 물을 끼얹어서 불을 끕니다.

わたし　みず　　　　か
私は水をぶっ掛けて

ひ　け
火を消します.

불 위에 있는 냄비가 넘쳐 흐릅니다.

ひ　うえ　　　なべ
火の上にある鍋が

あふ
溢れます.

그 강은 바다로 흘러듭니다.

かわ
その川は

うみ　なが
海へ流れていきます.

나는 밤새도록 환자를 간호했습니다.

わたし　よどお
私は夜通し

かんじゃ　かんびょう
患者を看病しました.

나는 전단을 벽에 바르고 있습니다.

わたし
私はビラを

かべ　は
壁に貼りつけます.

나는 주머니에 손을 넣었습니다.

わたし
私はポケットに

て
手をつっこみました.

그녀는 내 목을 끌어안습니다.

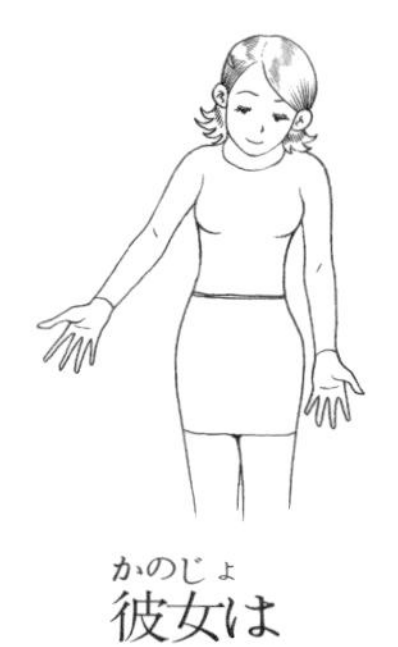

彼女(かのじょ)は 私(わたし)の首(くび)を抱(だ)きしめます.

나는 페이지를 넘깁니다.

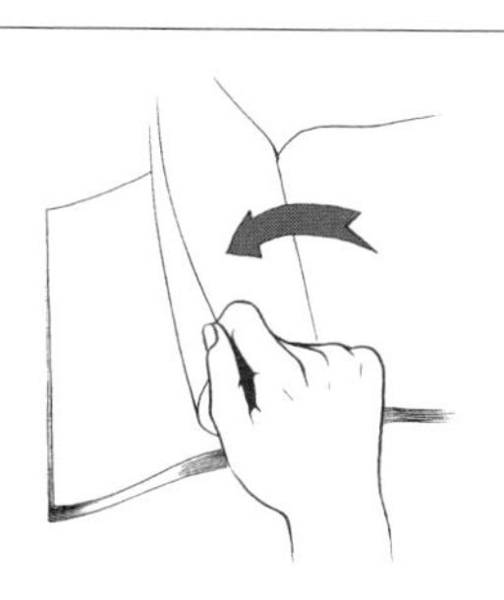

私(わたし)はページを めくります.

내 머리가 희어집니다.

私(わたし)の髪(かみ)の毛(け)が 白(しろ)くなります.

나는 목에 목도리를 감습니다.

私(わたし)は首(くび)にスカーフを　絡(から)ませます.

나는 발목을 삐었습니다.

私(わたし)は足首(あしくび)を　ねじられました.

나는 책상을 다른 방으로 옮깁니다.

私(わたし)は机(つくえ)を　ほかの部屋(へや)に移(うつ)します.

나는 부러진 연필을 휴지통에 던져 버립니다.

私(わたし)は折(お)れた鉛筆(えんぴつ)を

ゴミ箱(ばこ)に放(ほう)ります.

그린이 김재선 1987년 서영수 문하로 만화를 시작했다. 군 제대 후 만화 작업과 동화 일러스트, 각종 홍보 책자 제작 등 많은 작품 활동을 했지만, 그래도 그가 가장 심혈을 기울이고 있는 것은 역시 만화가 데뷔작이다. 유행을 좇는 자극적인 내용보다는 생각할 수 있는 깊이가 엿보이는 작품을 그리고 싶다고 한다.

그림으로 배우는

# 감각 일본어


초판 1쇄 인쇄 2004년 05월 08일
초판 1쇄 발행 2004년 05월 18일

지은이 장상욱
그린이 김재선
펴낸이 민내훤
마케팅 유현규
펴낸곳 도서출판 느낌표
등록번호 제19-0171호(2002. 1. 29)
주소 / 서울특별시 중구 인현동 2가 192-30 신성상가 716호
전화 / 972-9834 팩스 / 972-9835
e-mail / tofeel21@hanmail.net




ISBN 89-952857-9-6 03730